KOLECCIÓN **k**

6

aguapura
Fernando Cabal

MANDALA
EDICIONES

© Mandala Ediciones, 2012
C/ Tarragona, 23 • 28045 Madrid (España)
Tel: +34 914 678 528
E-mail: info@mandalaediciones.com
www.mandalaediciones.com

I.S.B.N.: 978-84-8352-761-0
Depósito Legal: M-39090-2012
Diseño y maquetación: Violeta Cabal
Imprime:

Introducción

A la hora de examinar las posibilidades de vida que tiene un planeta, uno de los primeros aspectos que se investigan es la presencia o ausencia de agua; si se encuentra o hay vestigios de ella, se entiende que es más probable que haya en él alguna forma de vida. Esta, tal y como la conocemos, en sus formas vegetal y animal, está íntimamente ligada al agua, y no cabe duda de que sin agua, al menos en nuestro planeta, no habría prácticamente vida.

Desde hace siglos se sabe que el hombre puede pasar muy pocos minutos sin respirar, varias semanas sin comer, y no más de cinco días sin ingerir líquidos; superado ese tiempo se presenta un cuadro de deshidratación grave en el cual, entre otros trastornos, la sangre encuentra serias dificultades para transportar a las células del cuerpo nutrientes, hormonas y otras sustancias necesarias para el correcto funcionamiento de los órganos. En estos casos, a menos que se lleve a cabo una atención médica urgente que hidrate el organismo, la muerte se presenta en pocas horas.

En nuestro cuerpo, el agua se encuentra en el interior de todas las células, incluso en las del tejido óseo; forma parte de la sangre, del sudor, de la saliva, de las lágrimas y de los desechos que excretamos; por ello, un aporte deficiente de este líquido trae como consecuencia diferentes problemas, entre los que se incluyen el estreñimiento, la sequedad y descamación de la piel, el aumento del pulso cardiaco y de la temperatura corporal debido a la falta de sudoración, etcétera.

El agua es también un potente disolvente capaz de combinarse con muchas sales minerales (está considerada **disolvente universal**), y en la que ingerimos diariamente (ya sea en forma líquida o a través de otros alimentos como carnes, frutas o verduras) se encuentran muchas de las sales minerales que nuestro cuerpo necesita, fundamentalmente: sodio, potasio, sulfatos, nitratos y flúor. Por desgracia, a veces en el agua se pueden encontrar también elementos que resultan tóxicos para el organismo, como es el caso de las aguas contaminadas por vertidos industriales, de las que han estado expuestas a la radiación, etcétera.

Dada la importancia que el agua tiene para todo tipo de vida, es fácil comprender que es un medio en el cual proliferan una gran cantidad de organismos, entre los que caben citarse protozoos, larvas que nacen de los huevos depositados en ella por diversos insectos, plantas acuáticas, etc. En algunos casos, la ingestión de estos resulta totalmente inocua, ya que no provocan alteraciones en el organismo, pero en otros es origen de muchas enfermedades que pueden acarrear incluso la muerte, ya que algunos organismos, al entrar en el cuerpo, deterioran órganos y tejidos. En el caso de las larvas, como se verá, fomentan el aumento de la población de insectos que transmiten enfermedades tan incapacitantes o peligrosas como el cólera.

Pero además de servir para el consumo humano, animal y vegetal, el agua tiene múltiples aplicaciones: es indispensable en la minería y en la industria, es empleada para sofocar los incendios, con el curso de los ríos se puede generar electricidad, y es, sobre todo, un recurso esencial para el saneamiento de las ciudades. Una población que no mantiene un adecuado nivel de higiene determina un descenso en la calidad y posibilidades de vida de sus habitantes.

La escasez de agua se asocia a la pobreza, a la falta de alimentación y de higiene; es una de las razones que determinan la muerte de muchos niños en la primera infancia, de ahí que sea esencial tomar conciencia del problema y exigir a los gobiernos medidas destinadas a resolverlo.

A pesar de la inmensa cantidad de agua que hay en nuestro planeta, como se verá a lo largo de este libro, es muy poca la que se considera apta para el consumo, de ahí que sea considerada un bien escaso y que, por ello, se haya convertido en una mercancía.

El 70 % de la Tierra está cubierta de agua, pero solo un 2,5 % del agua disponible es dulce. La distribución del agua en el mundo es desigual, por eso se ha llegado a constatar que su escasez será en el futuro motivo de guerras y conflictos. La UNESCO ha estimado que en 2030 habrá todavía cinco mil millones de personas —esto es, un 67 % de la población mundial— desprovistas de servicios de saneamiento en buenas condiciones. Otro dato que nos ofrece la UNESCO es que la población mundial (que actualmente se piensa que ronda los siete mil millones de personas) sigue creciendo a un ritmo de ochenta millones por año. De ese crecimiento, un 90 % nacerán en países en vías de desarrollo, donde hoy en día ya sufren problemas de abastecimiento de agua.

En Occidente son otros los problemas. Se han hecho grandes esfuerzos para que el agua que consumimos sea sana, y hoy, comparando la que bebemos con la que ingerían hace solo un siglo y medio, podemos sentirnos afortunados. Sin embargo, a la luz de las modernas investigaciones, no podemos sentirnos satisfechos; muchos de los procedimientos que se emplean en la potabilización pueden dar como resultado un agua segura, pero no saludable. A esto hay que sumar el deterioro de muchas redes de saneamiento, la contaminación ambiental y muchos otros factores que pueden originar múltiples enfermedades.

Agua para el consumo humano

Dada la vital importancia del agua, desde sus inicios como especie, el ser humano ha tratado de asentarse en lugares próximos a ríos y lagos y ha buscado diferentes formas de almacenarla para su uso posterior.

A medida que las ciudades fueron creciendo, parte de la población tuvo que instalarse en sitios más alejados de las fuentes de agua dulce, y eso llevó a construir pozos de los cuales extraer el agua que se encuentra en las capas que hay en el subsuelo y a pensar en diferentes sistemas tanto para almacenar la conseguida como para transportarla.

Fue hace unos siete mil años, en la ciudad de Jericó, en Israel, cuando se empezaron a crear nuevos sistemas que permitían guardar el agua potable y distribuirla entre la población. El más básico consistía en cavar canales por los cuales discurría el agua llegando así a los lugares más alejados. Al fluir al aire libre caían en ella las impurezas del entorno, por ello se recurrió al empleo de tubos huecos que, además de transportarla, la mantenían pura. Cada región empleó los recursos que tenía a su alcance para fabricar lo que hoy serían las cañerías: en Egipto se utilizaron troncos huecos de palmera; en China y Japón, gruesas cañas de bambú, y, finalmente, cuando la alfarería y la metalurgia adquirieron cierto grado de desarrollo, estos fueron sustituidos por tubos de cerámica o de metal.

En Pakistán, alrededor del año 3000 a. C., ya existían instalaciones de baños públicos que la población empleaba para su higiene corporal; tanto para ello como para beber, empleaban el agua dulce que tenían a su alcance sin aplicarle ningún tipo de tratamiento para librarla de posibles impurezas.

Fue la civilización griega la primera en preocuparse por la calidad del agua, en ese tiempo se construyeron embalses de aireación con el fin de purificar el agua destinada a ser ingerida por la población.

El mayor nivel de perfeccionamiento en almacenamiento y el transporte en la antigüedad se produjo en el Imperio romano, y viene de la mano con los grandes avances de este pueblo en lo que concierne a la arquitectura. La construcción de acueductos para su distribución y de embalses para su retención fueron factores que, entre otros, le permitieron alcanzar un alto grado de desarrollo. En las ciudades se implantaron sistemas de tuberías de roca, cemento, bronce, madera, plomo y plata, y se tenía un gran cuidado en evitar que las fuentes de las que se abastecían sufrieran cualquier tipo de contaminación.

Con la caída del Imperio romano, los acueductos se dejaron de utilizar y no se produjeron grandes avances en lo que a la sanidad respecta; la falta de sistemas eficaces de potabilización y saneamiento de agua propiciaron muchas de las epidemias que durante ese periodo asolaron Europa.

El agua dulce

El agua es un compuesto químico natural cuya molécula contiene solo tres átomos: dos de hidrógeno y uno de oxígeno (H_2O). Es una de las pocas sustancias que, en la superficie del planeta, se encuentra naturalmente en sus tres estados: sólido (en las regiones más frías y en los casquetes polares en forma de nieve o hielo), líquido (en ríos, embalses, lagos y mares, en forma de lluvia o rocío, en gotas que están en suspensión en la atmósfera), y gaseoso, debido a la constante evaporación que se produce por los efectos del calor. El agua de lluvia, que también es dulce, se genera por evaporación, y al caer se filtra en el suelo y se acumula en capas subterráneas.

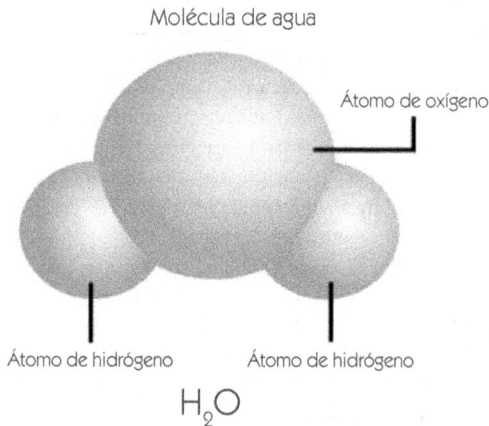

Molécula de agua

Átomo de oxígeno

Átomo de hidrógeno   Átomo de hidrógeno

H_2O

La hidrosfera cubre las tres cuartas partes de la superficie de la tierra, pero el 97 % de su totalidad es salada y conforma los océanos y los mares; de modo que, si bien no podría decirse que el agua en sí sea un bien escaso, es importante señalar que solo es dulce —y por lo tanto adecuada para el consumo humano— un 2,5 % de ella. Por otra parte, su distribución no es regular: hay regiones muy ricas, circundadas por ríos o salpicadas de lagos de agua dulce, pero también zonas desérticas o semidesérticas en las que su ausencia o escasez impide todo desarrollo, ya que sin ella no es posible la agricultura ni la ganadería, así como tampoco el saneamiento.

El proceso de desalinización del agua de mar que se lleva a cabo en muchos lugares requiere unas enormes cantidades de energía. Mediante la extracción de la sal se obtiene un agua muy ácida, un producto que resulta corrosivo para el consumo humano y que es necesario mejorar. Por todo ello, resulta muy caro y solo es empleado en condiciones extremas, cuando no hay otras alternativas posibles. Es de esperar que los avances tecnológicos permitan, en un futuro próximo, disminuir su coste, de esta forma se podría solucionar el problema de escasez de agua que en la actualidad sufren muchas zonas.

Agua potable

Sin la suficiente cantidad de agua dulce, la vida se torna muy difícil; no solo porque se hace imperioso cuidar aquella que está destinada al consumo humano o a la agricultura para producir alimentos vegetales, sino porque, además, todo lo que tiene que ver con la higiene queda prácticamente descartado. Si apenas hay agua para beber, esta no puede ser desperdiciada en el lavado de la ropa, en la higiene del lugar que se habita ni en la personal. Las peores consecuencias de ello son el hambre, la enfermedad y la muerte.

Al problema de la escasez de agua dulce en el planeta, se añade el hecho de que no todas las aguas dulces son adecuadas para el consumo humano. Al depender de ella todos los organismos vivos, se convierte en un medio donde crecen especies comestibles, pero en el cual también proliferan microorganismos causantes de una amplia variedad de dolencias.

Muchas de las grandes epidemias y pandemias surgidas a lo largo de la historia han tenido como principal agente el agua contaminada. Ya hace 500 años se recomendaba hervirla previamente, antes de su consumo, para eliminar con la alta temperatura a los agentes patógenos que pudiera contener; sin embargo, eso no impedía que enfermedades como el cólera, la fiebre tifoidea o la malaria, entre otras, hicieran estragos en la población, ya que el peligro no estaba en la presencia de los microorganismos que el agua pudiera contener sino en la rápida reproducción de los agentes transmisores (moscas, mosquitos) que desovaban en las fuentes de agua dulce.

El agua apta para el consumo humano se denomina «agua potable», y si bien se encuentra en estado natural en muchas fuentes (ríos, capas subterráneas, lagos, etc.), también es posible obtenerla mediante diversos procesos de filtrado y purificación.

A principios del siglo XX, es decir, en una época muy reciente de la historia de la humanidad, se empezó a potabilizar mediante el uso del cloro, y el primer país en hacerlo fue Estados Unidos, en 1912. Como el cloro es un elemento corrosivo, al año siguiente, Charles F. Wallace y Martin Tiernan diseñaron aparatos que permitían medir el gas de cloro con el fin de formar una solución controlada que se echaba al agua de manera que esta pudiera ser ingerida sin inconvenientes. Hoy se sabe que este elemento altera la pared celular de los microorganismos, produciéndoles la muerte, y que, además, es un potente oxidante. En cantidades que sobrepasan los estrictos límites permitidos irrita las mucosas y la piel y, según las últimas investigaciones, podría incluso favorecer los cánceres de recto y vejiga.

Pero a pesar de los peligros que pueda entrañar, los expertos consideran que el increíble aumento de la esperanza de vida en todo el mundo está estrechamente vinculado, precisamente, al empleo del cloro en la potabilización del agua, ya que eso ha permitido que, al menos en los lugares donde se utiliza, las múltiples enfermedades ocasionadas por bacterias hayan podido erradicarse.

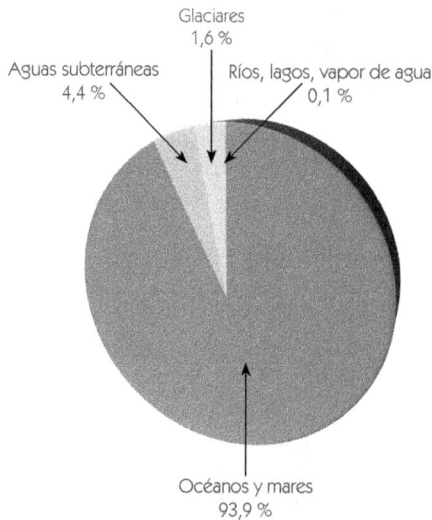

Glaciares
1,6 %

Aguas subterráneas
4,4 %

Ríos, lagos, vapor de agua
0,1 %

Océanos y mares
93,9 %

La contaminación del agua

Los desechos de toda ciudad o asentamiento humano, desde hace milenios, se recogen en las aguas de ríos, mares y lagos. Allí van a parar tanto los restos orgánicos producidos por las diversas actividades del hombre, como los químicos, producto del desgaste del terreno sobre el cual discurren.

En épocas muy anteriores, las basuras se arrojaban directamente a las fuentes de agua destinadas a la población; restos de animales muertos, orines y heces, aguas sucias que se habían empleado para lavar... eran desechos que iban a parar a lagos y, sobre todo, a ríos, ya que estos los arrastraban en su curso hasta descargarlos en el mar, manteniendo así las ciudades despejadas de podredumbre y malos olores. Más tarde fueron las zonas portuarias, sobre todo en los asentamientos más densos, las que sirvieron de vertedero, presentando el aspecto más peligroso desde el punto de vista de la sanidad.

Aunque en la actualidad, sobre todo comparado con el panorama de hace dos o tres siglos, el problema ha mejorado considerablemente, como se verá en posteriores capítulos está muy lejos de haber sido realmente solucionado.

En muchos casos, la ausencia de agua potable en algunas zonas se produce porque, si bien se ha planificado la entrada de agua proveniente de una fuente sin contaminación previa, no ha ocurrido lo mismo con su salida, es decir, con el curso que llevan las aguas residuales, de modo que estas, con el tiempo, terminan contaminando las fuentes originales, que son las capas del subsuelo, los lagos y los ríos.

Las sustancias o agentes contaminantes son muy diversos, pero se pueden agrupar en ocho grandes categorías:

- **Microorganismos capaces de causar enfermedades.** Bacterias, virus, protozoarios que viven en el agua.
- **Desechos orgánicos.** Restos de animales y plantas que generan colonias de bacterias.
- **Sustancias químicas inorgánicas.** Ácidos y compuestos de metales tóxicos.
- **Nutrientes inorgánicos.** Elementos que propician la proliferación de plantas acuáticas que, al morir, dan lugar a colonias de bacterias que restan oxígeno al agua.
- **Sustancias químicas orgánicas.** Los hidrocarburos (petróleo refinado y sin refinar), detergentes, pesticidas, plaguicidas y una amplia gama de desechos producidos por las fábricas.
- **Sedimentos y materiales en suspensión.** Partículas que no son solubles en agua y que la enturbian; algunas son de origen natural.
- **Materiales radiactivos.** Partículas muy nocivas que generan, entre otras, enfermedades congénitas y cáncer.

Los vertidos industriales producen otro tipo de contaminación conocida como «contaminación por calor». En las fábricas es necesario emplear agua dulce para la refrigeración de las máquinas y para muchos de los procesos que allí se realizan. Cuando la temperatura de este agua de desecho es elevada, al entrar en contacto con las fuentes (ríos, lagos, etc.) impide el desarrollo de especies animales y vegetales comestibles o beneficiosos.

Cada uno de estos agentes contaminantes, en el mejor de los casos, reduce la buena calidad de las aguas, y en el peor determina la muerte de millones de personas al año.

El agua, fuente de prosperidad y conflictos

Los primeros asentamientos humanos que dieron origen a las diferentes civilizaciones se establecieron junto a fuentes de agua dulce. Como ejemplo se puede citar Mesopotamia, tierra circundada por el Éufrates y el Tigris, a la cual la mayoría de los historiadores reconocen como cuna de la civilización; Egipto, uno de los más notables imperios de la antigüedad que evolucionó a orillas del rico y caudaloso Nilo, o la dinastía Xia, considerada la primera de China, que se estableció junto a la zona central del curso del río Amarillo. Pero no solo los antiguos imperios surgieron próximos a las masas de agua dulce, también la mayoría de las grandes ciudades que se originaron posteriormente, como Roma, Londres, París e incluso la relativamente reciente Nueva York, lo hicieron a la vera de ríos o de lagos, ya que la presencia de estos caudales de agua no solo garantizaba la necesaria hidratación de su población sino, además, la prosperidad de sus cultivos, la abundancia de alimentos de origen animal, así como la posibilidad de transporte gracias a la navegación.

Es tal la importancia de este elemento que, según palabras de Carlos Fernández Jáuregui, hidrólogo regional de la UNESCO, «El acceso al agua se ha convertido, desde la más remota antigüedad, en una fuente de poder o en la manzana de la discordia que ha originado grandes conflictos».

Las guerras originadas por el control del agua no son solo cosa del pasado; la escasez y la contaminación de las fuentes potables son hoy una amenaza para la salud de la población de muchas regiones, ya que también bloquean su desarrollo agrícola. Por esta razón, la Comisión de las Naciones Unidas sobre Desarrollo Sostenible estima que este problema podría dar lugar a conflictos locales y regionales que, a la larga, podrían tener una repercusión a escala mundial.

Medio Oriente, por ejemplo, es una región en la que el agua está considerada como recurso estratégico, y todos los tratados de paz que se han propuesto o firmado en épocas recientes contienen cláusulas específicas que tratan el problema de la distribución de agua y fijan claramente la forma en que ha de hacerse.

Distribución del agua potable

Considerando que el hombre solamente tiene acceso a un 0,26 % de los recursos hídricos, porque la mayor parte del agua dulce está en los casquetes polares o en capas subterráneas muy profundas, es fácil comprender que sea un bien escaso.

De la misma manera que en épocas anteriores, en la actualidad no todos los países o regiones tienen a su disposición los mismos recursos hídricos; hay continentes muy ricos en este sentido, y otros, en cambio, más bien pobres. Para comprender las necesidades de cada uno, es imprescindible tener en cuenta su población; en Asia vive el 60 % de la población mundial, pero tiene, en cambio, solo el 36 % de los recursos hídricos mundiales, en tanto que en América del Norte y Central vive el 8 % de la población mundial y cuentan con el 15% del agua potable disponible en el planeta.

En el siguiente cuadro se muestra, por continentes, la distribución del agua asociada a la población de cada uno.

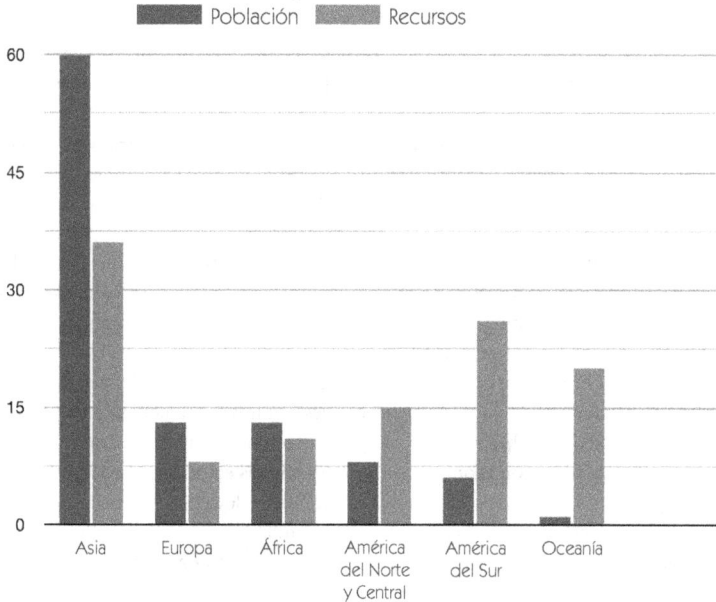

Distribución de los recursos hídricos del planeta

El crecimiento demográfico de los últimos sesenta años ha agravado el problema de la escasez de agua. En el año 1950 había en el planeta 2630 millones de habitantes, y en 2008 la cifra había ascendido a los 6671 millones. Este crecimiento fue notablemente más alto en el medio urbano, ya que en 1950 vivían en las ciudades 733 millones de personas y los datos recogidos para el 2010 dan la suma de 3505 millones. Y es precisamente en las ciudades, donde el agua no se destina a la agricultura o a la minería, donde se presentan la mayoría de las enfermedades relacionadas con el consumo de agua que no cumple las condiciones indispensables de potabilidad.

En la actualidad se ha creado un nuevo concepto: «agua segura». Se aplica a aquellas aguas que no contienen gérmenes peligrosos ni productos químicos tóxicos aunque sí otros microorganismos y elementos no deseables.

Durante la Cumbre Mundial contra el Hambre que tuvo lugar en el año 2001, en Roma, se enfatizó sobre la escasez de agua y se puso claramente de manifiesto que tal problema afectaba gravemente a mil quinientos millones de personas, asegurándose, además, que en el año 2025 la cifra de afectados se duplicaría. A dicho foro habían acudido muchas ONGs comprometidas con la erradicación del hambre en el mundo y propusieron que el agua fuera considerada *bien común de la humanidad*. Lamentablemente, la moción no prosperó.

Ya en el Primer Foro Mundial del Agua, celebrado en Marrakech, Marruecos, en 1997, se advirtió que el agua no debía ser considerada un bien comerciable. En la Cumbre del Milenio de las Naciones Unidas, celebrada en el año 2000, se plantearon ocho objetivos para el desarrollo del milenio. Uno de ellos fue, precisamente, fijarse como meta el año 2015 para reducir a la mitad la proporción de personas sin acceso al agua potable.

Más tarde se ha fijado el decenio que va del 2005 al 2015 como Década Internacional para la acción «Agua para la Vida», centrada en el desarrollo de diversos programas y proyectos destinados a solucionar este grave problema.

Distribución del agua por sectores

El agua dulce tiene diversas aplicaciones, y por ella compiten tres sectores: la agricultura, la industria y la población, que la consume para su uso doméstico; de todos ellos, el sector agrícola es el mayor consumidor.

A finales del año 2000 el 94 % de los habitantes de las ciudades tuvieron acceso al agua potable en tanto que, en el medio rural, solo contaba con ella el 71%. Esta situación adquiere una mayor gravedad ya que solo un 36% disponía de un saneamiento aceptable.

Con el aumento de la población se ha hecho necesario producir una mayor cantidad de alimentos, razón por la cual la demanda del sector agrícola, que de por sí es enorme, ha aumentado también; el consumo de agua desde el año 1950 hasta el presente se ha triplicado, y en algunos países o regiones se extrae de las capas subterráneas más de lo que se repone mediante lluvias o por otros procesos naturales.

Los recursos hídricos empleados por la industria son, también, cada vez mayores ya que la producción debe abastecer a una población en constante crecimiento, de ahí que, a menos que todos los gobiernos lleven a cabo una política de aguas que contemple esta situación, en pocos años habrá un alarmante aumento de las zonas de población empobrecidas y el agua necesaria para la industria será insuficiente.

Hacia el año 2000 se empleaba en la agricultura un 65 % del total de agua disponible y en la industria un 25 %; pero según las últimas previsiones, en el año 2015 la industria consumirá un 34 % en detrimento del agua destinada a la agricultura y uso doméstico.

Como se ve en el cuadro que se presenta a continuación, el uso doméstico, que ya de por sí es ínfimo comparado con el de la industria y la agricultura, se verá aún más mermado hacia el 2015.

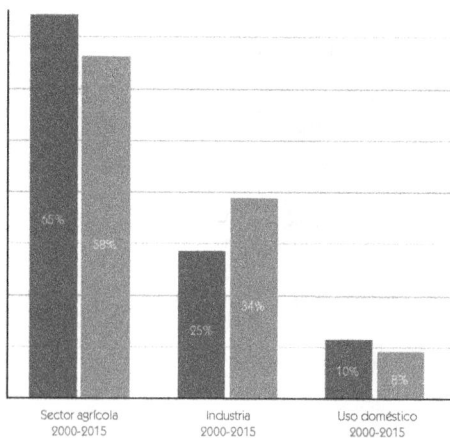

Distribución del agua
2000-2015

Sector agrícola 2000-2015 · Industria 2000-2015 · Uso doméstico 2000-2015

Para satisfacer estas demandas muchas regiones se han visto forzadas a sobreexplotar los recursos hídricos, lo cual ha ocasionado un fuerte impacto negativo en el medioambiente; ejemplo de ello son el río Colorado, en Estados Unidos, y el río Amarillo, en China, que en ocasiones están completamente secos en su último tramo hacia el mar.

En los países en vías de desarrollo solo las clases más favorecidas pueden conectarse a la red de distribución de agua potable y a la de saneamiento establecidas por el gobierno; en estas redes, a las que habitualmente se conectan los barrios de las personas más pudientes, el agua se obtiene a un bajo precio, muy inferior al que deben pagar los sectores más pobres de la población, que tienen que comprársela a empresas privadas.

Uno de los problemas más graves que amenazan a la población de muchos países es el agotamiento o la contaminación de las capas subterráneas por el uso de productos químicos, la deforestación, el saneamiento deficitario y el inadecuado tratamiento del suelo. Todo ello afecta drásticamente a la producción agrícola y, a la larga, si el problema no se soluciona, traerá como consecuencia epidemias producidas por la combinación de la desnutrición de la población sumada a la ingestión de aguas no seguras.

El precio del agua

El agua, al igual que el oxígeno, es imprescindible para la supervivencia, y desde el comienzo de la humanidad, los hombres se han acercado a las fuentes de agua dulce sin tener que pagar por ello. Con la construcción de canales para su distribución, ha sido necesario empezar a cobrar su suministro para sufragar los gastos de transporte, depuración y evacuación, cosa que se sigue haciendo hasta hoy en día.

En los países en vías de desarrollo, el problema es que muchos no tienen sistemas de abastecimiento adecuados, lo cual redunda negativamente sobre las personas con menos poder adquisitivo. Las redes abastecen a las zonas donde las viviendas son más caras (por lo tanto donde viven los más pudientes), pero no a las de las zonas más pobres.

Por ejemplo, en Vientiane, Laos, el metro cúbico de agua cuesta solo 0,11 dólares cuando la vivienda tiene conexión con la red; sin embargo, quienes no la tienen, deben obtenerla de los vendedores ambulantes al precio de 14,68 dólares; es decir, un 135,92 % más cara. Otro tanto ocurre el Delhi, India, donde solo cuesta 0,01 dólares el metro cúbico cuando hay conexión y 4,89 dólares cuando no se dispone de ella (la enorme diferencia es del 489 %).

El precio que los ciudadanos pagan por metro cúbico de agua en los países desarrollados, como se observa en el siguiente esquema, es variable:

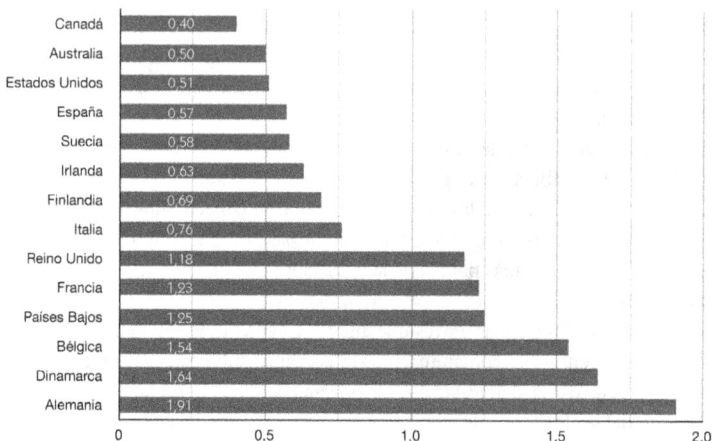

Canadá	0,40
Australia	0,50
Estados Unidos	0,51
España	0,57
Suecia	0,58
Irlanda	0,63
Finlandia	0,69
Italia	0,76
Reino Unido	1,18
Francia	1,23
Países Bajos	1,25
Bélgica	1,54
Dinamarca	1,64
Alemania	1,91

¿Cuánto cuesta el agua en España? Un estudio de la OCU

La OCU (Organización de Consumidores y Usuarios) ha comparado las tarifas de agua en cincuenta y dos ciudades, comprobando que los ciudadanos de Murcia, Alicante y Cádiz son los que más pagan por el agua. El precio del agua en España, para un supuesto de uso medio, es de 1,39 € el m^3 (datos actualizados al año 2012).

Para poder llegar a la conclusión de cuáles son las ciudades con el agua más cara o más barata, se revisaron las tarifas municipales de agua en 2009, 2010 y 2011, teniendo en cuenta el alquiler de equipos, cánones comunidad autónoma, etcétera.

El precio del agua subió a lo largo del 2010 un 4,5 %, hasta situarse con un precio medio de 1,36 € el m^3. En ese incremento influyó la subida del IVA que se aplica en la mayor parte de los servicios relacionados con el suministro del agua, un IVA que subió del 7 % al 8 % en general, y del 16 % al 18 % en el caso de alquiler de contadores.

En los primeros meses del 2011, la mayor parte de las ciudades han actualizado ya sus tarifas, aunque en diecisiete de ellas no se han producido modificaciones (puede que haya cambios a lo largo del año). La subida media ha sido mucho más limitada: se sitúa en un 1,2 %, con lo que el precio medio del m^3 de agua pasa de 1,36 € en 2010 a 1,39 € en 2011.

Vitoria y Granada (esta última ya era una ciudad con altos precios) han protagonizado las subidas más fuertes en el precio del agua en 2011: su subida de tarifas supera el 8 %.

Las ciudades más caras

Murcia se destaca como la ciudad donde el servicio de agua es más caro: 2,6 € el m³. Además, en 2011 ha subido un 6 %.

Cádiz, Alicante, Las Palmas, Barcelona y Ceuta también están entre las ciudades más caras: en estos lugares el m³ de agua está por encima de los dos euros.

Las ciudades más baratas, fijándonos en el precio del agua, son Palencia y Guadalajara.

Cálculo para un consumo medio de 175 m³/año (€/m³)

Palencia	0,68	Santander	1,06	Pontevedra	1,31	Tarragona	1,78
Guadalajara	0,78	León	1,08	Girona	1,32	Jaén	1,85
Burgos	0,83	Zamora	1,09	Toledo	1,34	Valencia	1,89
Ávila	0,84	Lugo	1,1	Huelva	1,4	Palma de Mallorca	1,89
Soria	0,88	Vitoria	1,11	Albacete	1,44	Granada	1,91
Orense	0,88	Zaragoza	1,14	Huesca	1,44	Sevilla	1,97
Segovia	0,92	Cáceres	1,14	Oviedo	1,49	Ceuta	2,01
Teruel	0,99	Pamplona	1,15	Bilbao	1,55	Barcelona	2,02
Valladolid	0,99	Logroño	1,17	Almería	1,55	Las Palmas de Gran Canaria	2,13
La Coruña	1,01	Lérida	1,23	Málaga	1,55	Alicante	2,16
Ciudad Real	1,02	Salamanca	1,26	Córdoba	1,64	Cádiz	2,19
Melilla	1,04	Badajoz	1,29	Madrid	1,77	Murcia	2,6
San Sebastián	1,06	Vigo	1,31	Sta. Cruz de Tenerife	1,77		

El agua que se pierde

Una de las razones por las cuales el agua escasea es por la falta de inversión en sistemas tanto de distribución como de saneamiento. Ambos dan lugar a que la poca cantidad que hay, además, se contamine y resulte inadecuada para el consumo, provocando la muerte de, aproximadamente, 2 200 000 personas al año, especialmente de niños.

En los países en vías de desarrollo, se estima que el 50 % del agua se pierde por fugas en las redes, por conexiones ilegales y por vandalismo.

En el caso de la agricultura, que emplea un 70 % del total del agua, los regadíos no siempre son eficaces ni están bien diseñados; la consecuencia de ello es no solo el desperdicio sino, además, la pérdida de tierras laborables ya que estas se anegan o se desertifican.

Es importante poner en práctica técnicas que permitan minimizar la pérdida de agua en el sector agrícola. Una de ellas es la nivelación del suelo a fin de que el agua no se escurra y sea bien aprovechada. Otra de las técnicas, puesta en práctica en Pakistán, India, España y California, es el riego por goteo; con ella se ha reducido el empleo de agua del 70 % al 30 % y, además, se ha aumentado enormemente el rendimiento de los cultivos.

Aunque sin problemas de salubridad ni riesgos inmediatos para la población, los países desarrollados tampoco escapan a las críticas por el despilfarro y la mala gestión hídrica. En su informe «Índice de Agua y Humedales», la organización ecologista WWF/Adena pasa revista a las políticas hidrológicas de veintitrés países europeos y señala a Finlandia, Suiza y Bélgica como los más cumplidores, mientras España, Grecia e Italia figuran entre los de peor gestión hídrica.

Según el estudio, cincuenta de los sesenta y nueve tramos de ríos analizados en el continente tienen una calidad ecológica «pobre» debido al impacto de las canalizaciones, presas, contaminación y regímenes fluviales alterados. «Además —critica—, las autoridades desconocen los impactos que las actividades humanas tienen sobre los sistemas acuáticos», y en la mayoría de los países la red de seguimiento de control de la calidad de las aguas «es muy deficiente». En España —denuncia WWF/Adena— los puntos de toma de datos de calidad se ubican «de forma interesada» en la cabecera de los ríos, donde la contaminación es menor, mientras que en los tramos más conflictivos escasean los controles.

La organización ecologista advierte de que las actuales políticas nacionales y comunitarias no garantizan el buen estado ecológico y químico de las aguas que la nueva directiva marco del Agua (2000) de la Unión Europea (UE) exige que se alcance para 2015, por lo que los Estados miembros y los países de la ampliación deben revisar su «filosofía del agua».

En los países industrializados, la pérdida de agua por uso doméstico es enorme. En un baño de inmersión, por ejemplo, se consumen de ciento cincuenta a trescientos litros en tanto que en la ducha solo se emplean entre cincuenta y ochenta litros.

Una de las técnicas más recientes consiste en emplear el agua de los lavabos y de las duchas para ser reutilizada en inodoros, riego del jardín y limpieza del hogar. Con este tipo de procedimiento, una familia de cuatro personas podría ahorrar, al año, más de 90 000 litros.

Una medida importante que se está tomando es la concienciación de la población acerca de la escasez de agua potable y las limitaciones a su consumo. En las escuelas se explica a los niños que es un bien escaso que hay que cuidar, y se les entrena en hábitos de ahorro como son no dejar grifos abiertos, no tomar baños de inmersión, etcétera.

La transmisión de agentes patógenos

Según la ONU, el agua contaminada causa anualmente más muertes que todas las formas de violencia, incluida la guerra, ya que es vehículo de diferentes enfermedades. Muchas de ellas son causadas por agentes patógenos que viven en este medio o están vinculados a él. Estas dolencias se pueden agrupar en cuatro categorías:

- Enfermedades transmitidas por el agua.
- Enfermedades originadas en el agua o con base en el agua.
- Enfermedades de origen vectorial relacionadas con el agua.
- Enfermedades relacionadas con la escasez de agua.

Enfermedades transmitidas por el agua

Son aquellas dolencias provocadas por desechos humanos, animales o industriales.

Una de las más agresivas es el cólera, enfermedad de la mucosa intestinal provocada por la bacteria *Vibrio cholerae*, que vive en el agua. Una vez ingerida, se elimina por las heces, y el contacto con estas, aunque sea a través de ropa o de objetos que hayan estado en su proximidad, puede provocar la infección.

Como en la higiene se emplea agua, si la de desecho, sucia, se filtra en el la red de suministro de la ciudad, el cólera se propaga muy rápidamente.

Entre los años 1815 y 1817 se produjeron en el río Ganges de la India grandes inundaciones que facilitaron un brote de cólera. A través del comercio y del movimiento de tropas llegó a Filipinas, y luego desde Bombay hasta Arabia, Persia y Rusia.

La segunda epidemia se produjo entre los años 1826-1836. También se originó en la zona del Ganges y llegó a Europa. Por el hecho de no saber que la bacteria que lo producía vivía en el agua (se pensaba que estaba en el aire), no se tomaron las medidas de higiene adecuadas. La enfermedad causó estragos, sobre todo entre lavanderas (que hacían su trabajo en los ríos) y entre los navegantes fluviales. Todas las grandes ciudades (París, Londres, Hamburgo, etc.) tuvieron que llorar sus muertos, y, finalmente, la bacteria viajó a América, probablemente en el organismo de irlandeses infectados, y llegó a Nueva York.

La epidemia desatada entre 1840 y 1861 produjo, solo en Rusia, más de un millón de víctimas, y en este siglo, en el año 2006, en África murieron miles de personas a causa de esta enfermedad, sobre todo en Angola y Sudán.

Es necesario destacar que el cólera no es necesariamente mortal (además, hoy existen vacunas); pero el problema es que tiene una gran incidencia en países en vías de desarrollo, que no cuentan con un saneamiento adecuado y cuya población padece serios niveles de desnutrición, lo cual agrava los cuadros producidos por la bacteria.

Otra de las dolencias de este grupo que la OMS califica de serio problema de salud pública es la fiebre tifoidea (que no debe confundirse con el tifus). Se transmite por dos bacterias: *Salmonella typhi* (o bacilo de Eberth) y *Salmonella paratyphi*. Una vez que la bacteria ingresa en el intestino por vía digestiva, pasa a la sangre y, de ahí, infecta diversos órganos.

Los casos estimados hoy en el mundo están entre dieciséis y treinta millones y causan entre quinientas y seiscientas mil muertes, sobre todo en niños pequeños y jóvenes. Es propia de zonas en vías de desarrollo y se genera, sobre todo, con la falta de higiene. La manipulación de alimentos por parte de personas infectadas es una de las vías más comunes de transmisión.

También entran en este grupo, entre otras, la poliomielitis, que se transmite a través de secreciones respiratorias o por vía fecal-oral y la hepatitis A, que se contagia al beber agua contaminada.

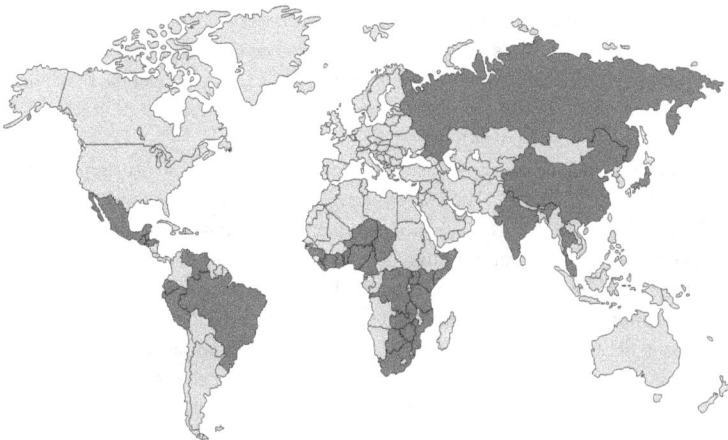

Distribución del cólera en el mundo

Enfermedades con base u originadas en el agua

El agua contaminada puede albergar diversos organismos que pasan parte de su vida en ella y parte parasitando otros animales o al hombre. Entre este tipo de organismos pueden citarse cierto tipo de ameba, *Entamoeba hystolitica,* que se puede contraer al beber agua contaminada. Vive en colonias en el intestino grueso, pero también puede lesionar la mucosa y ulcerar las paredes intestinales que terminan perforándose. Tienen, asimismo, la capacidad de llegar hasta otros órganos como el pulmón, el cerebro o el hígado.

Otro parásito que puede contraerse al beber agua contaminada es el *Gardia lamblia.* Una vez que entra en el organismo, vive en el intestino delgado, ocasionando, normalmente, síntomas leves. Sin embargo, la infección con estos agentes también puede presentarse en forma grave produciendo constantes diarreas, vómitos, etc., impidiendo el crecimiento en los niños, ya que consumen los nutrientes que estos ingieren.

Entre los protozoos que parasitan en el hombre caben citarse las trichomonas, que viven en aguas dulces y saladas. Una vez que entran en el cuerpo forman colonias en la boca, el intestino y la vagina.

También viven en el agua muchos helmintos (o gusanos) que parasitan tanto en el hombre como en animales. El *Ancylostoma duodenale,* por ejemplo, se encuentra en charcas y suelos húmedos y por lo general entra en el organismo a través de los pies descalzos. Viaja por la sangre y se instala en el aparato digestivo, donde se multiplica. Aunque la infección con este parásito no es mortal, sí provoca en los niños retraso en el crecimiento y en las facultades mentales.

Los citados son solo algunos de los parásitos que se pueden transmitir a través del agua. Por lo general, a menos que el individuo afectado tenga una salud deficiente, las enfermedades que provocan no son mortales, pero sí disminuyen notablemente la calidad de vida y la capacidad de trabajo. En el caso de los niños, sobre todo en verano y en zonas muy calurosas, las diarreas que provocan pueden llevar a la deshidratación y a la muerte.

Enfermedades de origen vectorial

Se denomina «vector» al ser vivo que sirve de transporte a otro organismo capaz de producir una enfermedad. Por lo general, la transmisión del agente patógeno que se hospeda en el vector se produce a través picaduras y mordeduras o por el contacto con sus desechos, y entre los transmisores más frecuentes se encuentran algunas especies de insectos (moscas, mosquitos, vinchucas, etc.). Estos no causan la enfermedad en sí, sino que inoculan o dejan en el cuerpo los microorganismos causantes de la dolencia.

Al igual que el resto de los seres vivos, los vectores dependen del agua para subsistir, de ahí que abunden cerca de los ríos, lagos y charcas. Muchas especies, inclusive, ponen en ella sus huevos, ya que el período larvario lo desarrollan en el agua. En estos casos el peligro no está en que una persona o animal beba agua que contenga tales larvas, ya que, si son ingeridas, la enfermedad no se desarrolla; el verdadero problema es que dichas larvas se convertirán en ejemplares adultos que sí son capaces de transmitir la enfermedad mediante sus picaduras. Si la población de este tipo de insectos crece, la propagación de la enfermedad en la población es mayor y más rápida.

Las enfermedades que se citan a continuación no son, ni mucho menos, todas las que pueden ser transmitidas por vectores.

- **Malaria o paludismo.**

La malaria o paludismo, enfermedad causada protozoos de la especie *Plasmodium,* produce alrededor de 210 millones de casos cada año. Se transmite por la picadura de la hembra del mosquito *Anopheles,* que inocula el protozoo al extraer sangre para madurar sus huevos. El macho no pica; se alimenta de néctares y zumos vegetales. La extensión de la enfermedad se produce porque los mosquitos pican a personas infectadas adquiriendo el plasmodio que luego transmiten a otras personas.

Cuando el parásito entra en el organismo, llega hasta el hígado y allí se reproduce; luego entra en el torrente sanguíneo e invade los glóbulos rojos. Allí se multiplican y dos o tres días después se rompen los glóbulos descargando en el torrente nuevos parásitos. La reproducción en el hígado finaliza en menos de cuatro semanas, pero los protozoos siguen reproduciéndose en los glóbulos rojos. Esto provoca cada 48 o 72 horas fiebres que pueden alcanzar los 40° C y, a la larga, alteraciones hepáticas.

De los cuatro *Plasmodium* que provocan la malaria, tres son relativamente benignos, pero uno de ellos, el *Plasmodium falciparum* es muy peligroso y la enfermedad que produce no resulta fácil de diagnosticar. Puede acarrear la muerte.

El contagio de la malaria entre seres humanos no se produce a menos que se reciba una transfusión de sangre contaminada con alguno de los tipos de *Plasmodium* o en el caso de embarazadas. Estas atraen particularmente a los mosquitos transmisores, y el problema es que el feto aún no tiene plenamente desarrollado su sistema inmunitario y, al compartir la sangre con la madre, también enferma.

El paludismo causa la muerte a dos o tres millones de personas cada año; es decir, una muerte cada quince segundos, sobre todo en los países en vías de desarrollo. Se extiende por la zona tropical y afecta a parte de Centro y Sudamérica, Medio Oriente, Turquía, Sudeste Asiático, Archipiélago Malayo, China y Oceanía.

Hay medicamentos capaces de combatirlo, pero en los últimos años se ha constatado que el *Plasmodium* se está haciendo resistente a los empleados tradicionalmente.

Entre las medidas que los gobiernos toman para el control o erradicación de esta enfermedad se cuenta la fumigación de las aguas donde desovan los mosquitos; también se han desarrollado vacunas, pero estas no son efectivas al 100%.

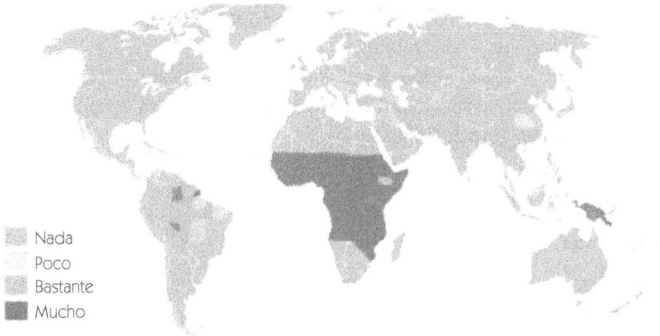

- Nada
- Poco
- Bastante
- Mucho

- **Fiebre amarilla.**
  Esta enfermedad hemorrágica, también llamada «vómito negro», está producida por un virus y se transmite por mosquitos de los géneros *Aedes* y *Hemagogus*. Hasta el hallazgo de la vacuna hubo epidemias devastadoras, y en la actualidad la OMS estima que enferma a unas 200 000 personas y produce 30 000 muertes al año en zonas donde no se han realizado vacunaciones.

  En las ciudades, los mosquitos que la transmiten suelen vivir próximos al agua estancada y limpia, de modo que es importante mantener a estos insectos alejados de ella.

- **Dengue.**
  Esta enfermedad vírica, también transmitida por mosquitos, afecta anualmente a una cifra de personas que las autoridades estiman entre cincuenta y cien millones. De ellas, medio millón necesita atención hospitalaria y produce unas doce mil muertes.

  Los vectores que la diseminan también ponen sus huevos en el agua.

Enfermedades por falta de agua

En países industrializados la falta de agua dulce no es un problema; muy por el contrario, de ella se hace un derroche escandaloso y apenas se conciencia a la población de su importancia y de lo limitados que son los recursos.

En países en vías de desarrollo, en cambio, su escasez determina una forma de vida sumida en la pobreza ya que no solo dificulta el mantenimiento de cultivos o de ganado con los cuales alimentar a la población, sino que, además, impide una higiene personal adecuada, lo cual facilita el contagio de diversas enfermedades de una persona a otra.

Entre las muchas dolencias que se pueden citar están las dermatitis y el tracoma, una inflamación de la conjuntiva causada por la bacteria *Chlamydia trachomatis* que afecta a ochenta y cuatro millones de personas y está considerada la primera causa de ceguera infecciosa a nivel mundial.

Por otra parte, la falta de higiene promueve la proliferación de bacterias y hongos y propicia una amplia variedad de infecciones, de las cuales las primeras víctimas son los niños en la primera infancia.

Agua y envejecimiento

Por el doctor Arnaldo Lichtenstein

1 Sin agua el cerebro se desconecta, pues todas sus funciones se verifican a través de reacciones electro-químicas, o sea, el agua y las sales minerales en ella disueltas son fundamentales para conducir la corriente eléctrica y todas las informaciones neuronales celulares.

2 El agua estructurada y las sales minerales se encuentran solamente, y en abundancia, en los alimentos de origen vegetal, crudos, frescos, maduros e idealmente orgánicos.

3 Observa la imagen siguiente y no entres en esa normosis de que es NORMAL tener menos agua en las células y en el organismo al envejecer.

4 Cambia tu historia, ¡ya! Desintoxícate, aliméntate de vegetales y frutas, hidrátate. Sin neurosis, solamente VIVE este hábito de alimentarte de manera saludable.

Porcentaje de agua en el cuerpo

100%	80%	70%	50%
Feto	Bebé	Adulto	Anciano

Siempre que doy clases de Clínica Médica a estudiantes del cuarto curso de Medicina, lanzo la pregunta: ¿Cuáles son las causas que hacen al abuelo o a la abuela sufrir confusión mental?

Algunos arriesgan: Tumor en la cabeza.

Yo digo: No.

Otros apuestan: Mal de Alzheimer.

Respondo, nuevamente: No.

A cada negativa, el grupo se asombra. Y se queda todavía más boquiabierto cuando enumero los tres responsables más comunes:

1 Diabetes descontrolada.
2 Infección urinaria.
3 La familia ha ido a pasar el día al centro comercial, mientras los ancianos se quedaron en casa.

Parece broma, pero no lo es. Constantemente, el abuelo y la abuela, sin sentir sed, dejan de tomar líquidos. Cuando falta gente en casa para recordárselo, se deshidratan con rapidez. La deshidratación tiende a ser grave y afecta a todo el organismo. Puede causar confusión mental abrupta, bajada de la tensión arterial, aumento de los latidos cardiacos (batidora), angina (dolor en el pecho), coma e incluso la muerte.

Insisto: no es broma. Al nacer, el 90 % de nuestro cuerpo está constituido de agua. En la adolescencia esto mengua al 70 %. En la fase adulta, al 60 %. En la tercera edad, que comienza a los 60 años, tenemos poco más del 50 % de agua. Esto forma parte del proceso natural de envejecimiento. Por tanto, de salida, los ancianos tienen menor reserva hídrica.

Pero hay otro factor de complicación: incluso deshidratados, ellos no tienen deseos de tomar agua, pues sus mecanismos de equilibrio interno no funcionan muy bien.

Explico: nosotros tenemos sensores de agua en varias partes del organismo. Son ellos los que verifican la adecuación del nivel. Cuando este baja, se pone en marcha automáticamente una alarma. Poca agua significa menor cantidad de sangre, de oxígeno y de sales minerales en nuestras arterias y venas. Por eso el cuerpo pide agua. La información pasa al cerebro, sentimos sed y salimos en busca de líquidos.

En los ancianos, en cambio, esos mecanismos son menos eficientes. La detección de falta de agua corporal y la percepción de la sed quedan perjudicadas. Algunos, además, debido a ciertas enfermedades, como la dolorosa artrosis, evitan moverse incluso para ir a tomar agua.

Conclusión: los ancianos se deshidratan fácilmente, no solo porque poseen una menor reserva hídrica, sino porque, además, perciben menos la falta de agua en su cuerpo. Aparte de esto, para que la deshidratación sea grave en ellos no hacen falta grandes pérdidas, como diarreas, vómitos o exposición intensa al sol. Basta con que el día sea cálido o que baje mucho la humedad del aire.

En esas situaciones se pierde más agua por la respiración y por el sudor. Si no existe una reposición adecuada, es segura la deshidratación. Aunque el anciano esté sano, queda perjudicado el desempeño de las reacciones químicas y las funciones de todo su organismo, principalmente la electro-química (100 % dependiente del agua y de las sales minerales) del cerebro.

Por eso, aquí quedan dos alertas. La primera es para abuelos y abuelas: hagan voluntario el hábito de beber líquidos. Beban cada vez que tengan ocasión. Por líquido ha de entenderse agua, zumos, infusiones, agua de coco, batidos. Sopa, frutas ricas en agua, como melón, sandía, piña... la naranja y la mandarina también funcionan. Lo importante es, cada dos horas, echar algún líquido dentro. ¡Recordad esto!

Mi segunda alerta es para los familiares: ofrecedles constantemente líquidos a los ancianos. Recordadles que esto es vital. Al mismo tiempo, permaneced atentos. Al percibir que están rechazando líquidos y, de un día para otro se vuelven confusos, irritables, despistados... ¡atención! Es más que probable que esos síntomas sean resultantes de deshidratación. Dadles líquidos e ir rápido a un servicio médico.

El doctor **Arnaldo Lichtenstein** es médico, clínico-general del Hospital de las Clínicas y profesor colaborador del Departamento de Clínica Médica de la Facultad de Medicina de la Universidad de São Paulo (USP).

Agua contaminada

Los seres humanos, al igual que el ganado, producen diariamente una gran cantidad de desechos orgánicos que se vierten en las aguas. Estos materiales de desecho son degradados por bacterias aeróbicas que, si bien no son perjudiciales para el hombre y no causan ninguna enfermedad, necesitan oxígeno para sobrevivir. Cuando la cantidad de desechos en el agua es excesiva, las colonias de bacterias proliferan y el nivel de oxígeno existente en el agua disminuye drásticamente, impidiendo que peces u otros organismos vivan en ellas.

La DBO (demanda biológica de oxígeno) indica el oxígeno que se consume en un plazo de tiempo e indica la cantidad de materia orgánica que contiene el agua; cuanto más oxígeno se consuma, mayores serán las colonias de bacterias que hay en ella y, por lo tanto, también mayor la cantidad de desechos orgánicos.

El agua de los ríos arranca a su paso muchas partículas del suelo y las arrastra a lo largo de su curso. Estos materiales no solo la enturbian, sino que, además, pueden depositarse en lugares precisos obstruyendo el flujo del río, rellenando fuentes de agua dulce e impidiendo con ello el desarrollo de peces. En su desembocadura, y por este motivo, muchos ríos obstruyen puertos. Se estima que el total de estos sedimentos y materiales en suspensión es la mayor fuente de contaminación.

Contaminantes inorgánicos

Como el agua es un excelente disolvente, en ella se mezclan compuestos inorgánicos que hay en el suelo o bien productos de desecho de la actividad industrial, agrícola o ganadera. Entre ellos hay ácidos, sales y metales cuyo consumo es perjudicial, no solo para el hombre, sino también para los animales, las plantas, los cultivos y las máquinas que necesitan agua para funcionar.

Muchas fábricas vierten directamente en las fuentes de agua residuos que contienen estas sustancias. En algunos casos, el humo que sale de sus chimeneas las tiene en suspensión, y cuando estas partículas se posan en la tierra, penetran hasta las capas de agua subterránea contaminándola. Otro tanto ocurre con productos que se usan como pesticidas o como abonos en la agricultura.

Entre los contaminantes inorgánicos, se pueden citar:

- **Aluminio.** En el año 1988, en Camelfort, Inglaterra, se vertieron por error veinte toneladas de sulfato de aluminio en el agua destinada a la población. Durante cinco días, veinte mil personas de dicha localidad sufrieron náuseas, mareos, vómitos, diarrea y úlceras en la piel, entre otros síntomas.

  Años después murió una de las personas que había ingerido agua contaminada tras sufrir un tipo poco común de Alzheimer, de progresión muy rápida. Al llevarse a cabo la autopsia se comprobó que el cerebro tenía altas concentraciones de aluminio.

  Aunque esta relación se ha encontrado también en otros casos de Alzheimer, aún no está plenamente confirmada la implicación del aluminio en dicha enfermedad y en otros tipos de demencia, pero sí los efectos que produce en la población una ingesta inadecuada del mismo.

- **Arsénico.** Es uno de los principales contaminantes inorgánicos. En ocasiones la contaminación se produce de forma natural al entrar el agua en contacto con rocas que poseen este elemento en su composición, pero la mayoría de las veces se produce por los vertidos industriales. Resulta sumamente tóxico para el organismo y, según sea la cantidad que se ingiera, puede provocar la muerte. Como resulta letal para los seres vivos, es frecuente su empleo en herbicidas, insecticidas y raticidas.

  En algunos lugares en los que la población ha tenido a su disposición aguas con altos porcentajes de arsénico se han producido intoxicaciones masivas. Pero lo más preocupante de este elemento es que en cantidades no tan altas como para producir claros síntomas inmediatos envenena lentamente el organismo y es al cabo de los años cuando se hacen presentes las manchas en la piel y los tumores en vejiga, riñones y pulmones.

  Uno de los países que más sufre este tipo de contaminación es Bangladesh. Según la OMS, diez millones de personas beben diariamente un agua contaminada con este arsénico; entre otras cosas porque dicho país acepta una cantidad de arsénico en agua cinco veces más alta que la recomendada por dicho organismo.

  Para el Centro Nacional de Información para la Mitigación del Arsénico las cifras dadas por la OMS son demasiado bajas; según sus investigaciones, llevadas a cabo en 2008, ascienden a veinte millones las personas que están contaminadas.

  Otros países que se encuentran afectados por este problema son Perú, Chile, Argentina, Hungría, Tailandia y China.

- **Cobre.** Este elemento es esencial para la salud y su carencia es responsable de muchos trastornos, entre los cuales se puede citar la anemia. Pero también puede ser perjudicial si se ingiere en cantidades superiores a 1-3 mg diarios. El agua potable no suele estar contaminada con cobre, excepto la de aquellos lugares en los cuales se combina un tipo de agua ácida con cañerías de cobre.

- **Mercurio.** Este metal es sumamente contaminante; una sola gota de mercurio en las aguas podría causar serias consecuencias pero, afortunadamente, no es frecuente encontrarlo disuelto en ella. Debido a su uso industrial, en épocas anteriores se han hecho grandes vertidos al medioambiente, pero actualmente su empleo está restringido porque se sabe que pasa fácilmente del aire a la tierra o al agua.

  El problema con el mercurio y con otros metales pesados es que se acumulan en el organismo, tanto de los hombres como de los peces. Muchos estudios realizados muestran que el 75 % de la exposición humana al mercurio se realiza a través de peces y mariscos. En Estados Unidos, el 40 % proviene del atún capturado en el océano Pacífico.

- **Nitratos.** Son utilizados por los agricultores porque aceleran y mejoran el crecimiento de sus plantaciones. Estas sustancias solubles en agua son esenciales para el desarrollo de los vegetales, y si bien su uso adecuado no provoca alteraciones, si se emplea una cantidad excesiva en el agua de riego favorecen el crecimiento de algas y otros organismos que no son aptos para el consumo. Además, se filtran en la tierra depositándose en las aguas subterráneas.

  En el organismo, las bacterias intestinales convierten los nitratos en nitritos que propician la creación de nitrosaminas que, según se estima, estimulan el crecimiento de tumores gastrointestinales.

  Pero no es el único problema que presenta la ingestión de nitratos: uno de los más preocupantes es el «síndrome del bebé azul», término con el que se designa a los bebés que nacen cianóticos cuya piel es azulada. La dolencia puede estar producida por diferentes causas (como podrían ser defectos cardiacos), pero teniendo en cuenta que los nitritos inhiben la absorción del oxígeno, es indudable que la ingesta de agua contaminada por nitratos favorece la aparición de este problema.

- **Plomo.** La mayor contaminación del agua con plomo procede de la utilización de cañerías fabricadas con este material. Es particularmente peligroso para los niños, ya que afecta a su crecimiento, y también para los adultos porque perjudica los riñones.

  Una buena medida a llevarse a cabo en casas que tengan cañerías de plomo es dejar correr un poco el agua del grifo antes de servirse un vaso, ya que de este modo se elimina el plomo que pudiera haberse depositado en ella.

El siguiente cuadro resume las dolencias que puede propiciar la ingestión continuada no solo de agua contaminada con estos elementos sino, también, por consumir carne animal o vegetales que se sirvieran de ella.

Los organismos pequeños ingieren estas sustancias y, de ellos, se alimentan los mayores, y así los elementos nocivos pasan a toda la cadena alimentaria, concentrándose cada vez más, hasta llegar al hombre.

Una de las consecuencias de este tipo de contaminación es la disminución de peces en algunos ríos o lagunas, ya que muchos de estos metales pesados alteran gravemente sus funciones reproductoras.

Elemento	Efectos
Arsénico	Cáncer de piel
Bario	Estimulación muscular
Cadmio	Hipertensión y otros trastornos cardiovasculares
Mercurio	Daños renales y neurológicos. Anomalías cromosómicas
Níquel	Cáncer de pulmón
Plomo	Daños neurológicos, renales y hepáticos
Selenio	Envenenamiento

A menos que los niveles de contaminación sean elevados, por sí sola el agua no provoca estas dolencias; pero en personas con riesgo a contraerlas sí constituyen un factor que favorece la aparición de la enfermedad.

Productos de origen orgánico

En las sociedades industrializadas, el petróleo es la fuente de energía por excelencia. Además, el hombre emplea, para una amplia variedad de propósitos, compuestos orgánicos derivados del petróleo: gasolina, plásticos, disolventes, etc. Estos productos, al estar formados por moléculas complejas, son difíciles de degradar ya que las bacterias aeróbicas que viven en el agua no pueden alimentarse de ellos, de modo que permanecen en las aguas, contaminándolas por largos periodos de tiempo.

Todos los años llegan al mar alrededor de tres millones de toneladas métricas de petróleo por diferentes vías:

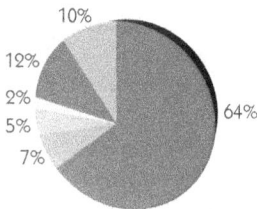

10%
12%
2%
5%
7%
64%

Por causas naturales: 10%
Desde la tierra: 64%
Por funcionamiento normal de petroleros: 7%
Por accidentes: 5%
Por las plataformas petroleras que hay en el mar: 2%
Por el tráfico marítimo: 12%

Del petróleo que llega desde tierra, entre un 15 % y un 30 % lo hace por el aire en forma de partículas en suspensión.

El petróleo se extrae de puntos muy precisos en el planeta y debe ser transportado, en ocasiones, a enormes distancias. Los accidentes producidos por fugas o hundimientos de los buques que lo transportan, si bien no son frecuentes, sí producen graves daños medioambientales.

En el año 1989 el buque-tanque Exxon Valdez derramó en las costas del golfo del Príncipe Guillermo, en Alaska, 37 000 toneladas de crudo. El vertido ocasionado por la rotura de un oleoducto en Rusia, en 1994, produjo una fuga de 104 000 toneladas.

Solo en el proceso de carga y descarga de los mil quinientos millones de toneladas de petróleo que se transportan anualmente se pierde en el agua un 0,1 %. Además, también cae al océano parte del que se extrae en las perforaciones marinas

El de la plataforma petrolífera de BP *Deepwater Horizon*, en el golfo de México, frente a las costas de Nueva Orleans, en 2010, es el mayor vertido accidental de petróleo en el mar de la historia, según nuevos estudios sobre la cantidad de crudo vertido. Según estas nuevas estimaciones, desde el 20 de abril de 2010, cuando estalló la plataforma, han salido de sus tuberías casi cinco millones de barriles de petróleo, muchos más de los 3,3 millones en los que se estimó el vertido de la plataforma mexicana *Ixtoc I* en la bahía de Campeche, al sur del golfo de México, en 1979, considerado hasta entonces el máximo histórico. Solo el vertido intencionado al Golfo Pérsico de ocho millones de barriles perpetrado por soldados iraquíes en 1991, durante la primera Guerra del Golfo, supera al de la plataforma de BP.

Diariamente miles de barcos navegan por mares y ríos contaminándolos con estos productos, y a ello hay que sumar los accidentes que se producen por averías o hundimientos de los buques cisterna que, aunque no son frecuentes, contaminan gravemente los océanos.

Una de las mayores formas de contaminación con productos orgánicos ha sido la derivada del lavado de tanques de los petroleros que, tras descargar su contenido, eran llenados con agua de mar que luego descargaban. Afortunadamente, hoy las leyes estrictas al respecto casi han terminado con esta práctica.

Pero aun cuando no se realizaran directamente vertidos de estos productos en el agua, el humo que se produce con su combustión tiene partículas que caen en la tierra y que, de ahí, se filtran a las capas de agua que hay en el subsuelo, contaminándolo.

La amplia variedad de detergentes y productos de limpieza que se emplean, tanto para uso doméstico como industrial, así como muchos insecticidas utilizados en el medio rural, resultan altamente contaminantes ya que suelen ser sustancias que permanecen casi intactas en el agua durante largos periodos de tiempo. Lo más grave es que, a medida que la población crece, este tipo de vertidos es cada vez mayor, ya que tanto la producción industrial como la de alimentos se incrementa.

Elementos radiactivos

Ya sea como producto de la actividad humana o por causas naturales, el agua puede estar contaminada con isótopos radiactivos, elementos altamente nocivos que emiten partículas que provocan graves alteraciones en el organismo.

Una característica de estos isótopos es que, con el paso del tiempo, se desintegran o semi-desintegran perdiendo su capacidad de emitir partículas y transformándose en elementos estables que no resultan perjudiciales; pero esto no ocurre de un día para otro.

Tras el incidente de la central nuclear ucraniana en Chernobyl, en 1986, se produjo una nube radiactiva que contaminó el suelo y las aguas. Uno de los elementos contaminantes fue el Cesio 137, que tiene un período de semi-desintegración corto cuando se encuentra en el aire, pero de 30,23 años cuando se encuentra en la tierra o en el agua. Durante este lapso de tiempo, los cultivos, las aguas y los animales que las ingieran constituyen un vehículo que afecta a la población. Por eso, en la actualidad, científicos británicos y holandeses estiman que la prohibición de comer pescado de la zona afectada debería extenderse a treinta años.

El desastre ocurrido en Fukushima, Japón, en 2011, por el terremoto y posterior tsunami es una muestra más de la gran mentira del *lobby* pronuclear acerca de la seguridad de las instalaciones nucleares. La contaminación en tierra ha sido devastadora, pero no lo es menos la contaminación del agua del mar. Se ha demostrado que los efectos de la radiación del agua del mar han llegado hasta las costas americanas, al otro lado del océano Pacífico. Las consecuencias para el medioambiente no son menores: «A largo plazo la contaminación nuclear se deposita en el suelo y en el mar, y se incorpora a la cadena trófica de los peces, que son la base de la dieta en Japón, del resto de animales, de las plantas, las frutas y las verduras», afirmó Eduard Rodríguez-Farré, radiobiólogo del Consejo Superior de Investigaciones Científicas. Los efectos de las emisiones radiactivas pueden durar cientos de años. A pesar de todo esto, los países ricos siguen empeñados en mantener en uso las centrales nucleares cuando se ha demostrado en repetidas ocasiones que no son capaces de garantizar su seguridad.

Contaminación por calor

La contaminación térmica es aquella en la que el contaminante es una fuente de calor, y se manifiesta como una reducción en la calidad del agua causada por incrementos en su temperatura. Generalmente esta contaminación es de origen antropogénico, causado por la disposición de calor en exceso o de desecho térmico como resultado de los procesos de enfriamiento de las plantas generadoras de energía.

La contaminación térmica es una forma importante de contaminación en sistemas acuáticos, y ocurre, en la mayoría de los casos, cuando el agua utilizada para el enfriamiento de las plantas generadoras de energía es liberada al medioambiente a una temperatura mayor de la que se encontraba naturalmente (entre 9 y 20° C más caliente).

Los ambientes acuáticos son los más susceptibles a este tipo de contaminación, ya que el agua es el regulador de temperatura más abundante y barato que la industria y plantas generatrices utilizan. Este agua, una vez utilizada para propósitos de enfriamiento, muchas veces adquiere elementos tóxicos como metales pesados y compuestos orgánicos que finalmente pasarán a los sistemas naturales provocando efectos tóxicos a la flora y a la fauna.

Los cambios de temperatura en el agua pueden afectar los procesos vitales que implican reacciones químicas y la velocidad de estas. Por ejemplo, un aumento de 10° C puede doblar la velocidad de una reacción.

Los animales de sangre caliente, como las aves y los mamíferos, poseen mecanismos reguladores internos que mantienen la temperatura del cuerpo constante. Sin embargo, organismos acuáticos de sangre fría, como los peces, no pueden regular la temperatura de sus cuerpos de modo tan eficiente como los animales de sangre caliente. Por lo que estos peces aceleran todos los procesos, de modo que la necesidad de oxígeno y la velocidad de reacción se ajuste al medioambiente en el que viven.

La necesidad aumentada de oxígeno en presencia de altas temperaturas es particularmente grave, puesto que el agua caliente posee una capacidad menor para retener oxígeno disuelto que el agua fría.

Además, cambios en la temperatura del agua pueden afectar la actividad y la velocidad de la natación con una reducción en la capacidad para cazar su alimento. Esta inactividad resulta más crítica porque el pez necesita más alimento para mantener su velocidad metabólica, que es más alta en aguas más calientes. Por otro lado, los mecanismos reproductores, como el desove, están accionados a los cambios de temperatura por lo que cambios anómalos en la temperatura del agua pueden transformar este ciclo.

Otro de los efectos de la contaminación térmica es que las temperaturas altas son más favorables para organismos patógenos. Por lo que una frecuencia baja de enfermedad en los peces podría convertirse en una mortalidad masiva de los mismos al hacerse los patógenos más virulentos y los peces menos resistentes al haber aumentos en la temperatura del agua.

Los ecosistemas acuáticos cerca de las centrales eléctricas están sujetos no solo a los efectos de una temperatura elevada, sino también a los choques térmicos de cambios rápidos en temperatura.

La producción de corriente y la descarga de calor varían considerablemente de un punto máximo en las tardes a un punto mínimo entre la media noche y el amanecer. Así, el desarrollo de especies de agua fría resulta impedido por el agua caliente y el desarrollo de especies de agua caliente resulta trastornado por la corriente imprevisible de calor.

También pueden producirse trastornos complementarios porque el agua caliente tiene un contenido reducido de oxígeno. Por lo que los ríos calientes poseen menor capacidad para limpiarse o descomponer materia orgánica que los ríos fríos.

Otros efectos asociados a contaminación térmica en el agua son:

1. Alterar la composición del agua disminuyendo su densidad y la concentración de oxígeno disuelto.
2. Provocar que especies que no toleran temperaturas altas dejen de existir (ejemplo: peces y larvas sensitivas) o emigren a otras regiones.
3. Producir cambios en la tasa de respiración, crecimiento, alimentación, desarrollo embrionario y reproducción de los organismos del sistema.
4. Estimular la actividad bacteriana y parasítica (hongos, protozoos, nemátodos, etc.), haciendo el sistema más susceptible a enfermedades y parasitismo por organismos oportunistas.
5. Aumentar la susceptibilidad de los organismos del sistema a cualquier contaminante, ya que el metabolismo de los organismos debe hacer cambios para soportar el estrés de tener que sobrevivir a una temperatura anormal.
6. Causar cambios en los periodos de reproducción de muchas especies, lo que puede desembocar en el florecimiento exagerado de algunas especies y la desaparición de otras. El crecimiento y la fotosíntesis de las plantas aumentan.
7. Provocar trastornos en las cadenas alimenticias del ambiente acuático.
8. Reducir la viscosidad del agua y favorecer los depósitos de sedimentos.
9. Se afecta el olor y el sabor de las aguas debido a la disminución de la solubilidad de los gases.

La industria

Todos los procesos industriales requieren grandes cantidades de agua dulce, y en los procesos de fabricación en los que esta interviene se contamina y luego es vertida en ríos y mares; a menudo sin un tratamiento previo.

Cada una de las actividades industriales contamina con un tipo de elemento; por ejemplo, los agentes contaminantes de la industria papelera y la ganadería son orgánicos; la industria del cuero descarga en los ríos material orgánico, cromo y sulfuros; las de acabado de metales, cianuros y metales diversos; la minería, diversos materiales inorgánicos, según qué sea lo que se explote. Por ejemplo, en el caso del oro, el contaminante a menudo es el mercurio (sumamente tóxico).

El agua, como la vida, no es una mercancía

Propuestas de implementación del derecho humano al agua y al saneamiento, y luchas contra la privatización

Ecologistas en Acción e Ingeniería sin Fronteras

El lema del 6.º Foro Mundial del Agua (FMA), Marsella 2012, proclama «¡Es tiempo de soluciones!». Este objetivo se enmarca, además, en el Decenio Internacional para la Acción «El agua, fuente de vida» (2005-2015). Pero la necesidad de dar soluciones a la grave situación de deterioro de los ecosistemas hídricos y el injusto acceso al agua y al saneamiento lleva más tiempo aún en la agenda internacional. En este Decenio se quiere priorizar la puesta en marcha de medidas ya contempladas en el Programa 21, aprobado en Río en 1992 y en el Plan de Acción de Johannesburgo de 2002. Llevan más de veinte años implementando las políticas que ahora proclama el FMA y que son, en resumen, el sector privado como modelo a seguir y el mercado como única solución. Además, tenemos los resultados, solo el 0,3 % de las nuevas conexiones de agua a nivel mundial han sido realizadas por el sector privado, esta es su eficiencia. Las recetas del FMA han fracasado, solo buscan el beneficio de las corporaciones transnacionales e impulsan el concepto del agua como mercancía.

Las organizaciones de la sociedad civil denuncian la ilegitimidad del FMA al ser organizado por las grandes corporaciones del agua, agrupadas en el World Water Council, y no por los Estados al amparo de las Naciones Unidas. Un foro legítimo sería aquel que ponga en el centro del debate la construcción de un acceso universal al agua bajo principios de eficacia social y ambiental y bajo control democrático. Tendría, también, el deber de abandonar las aventuras fallidas de mercantilización del agua y la privatización de sus servicios que, al fin y al cabo, benefician a unos pocos y condenan a los ecosistemas y a demasiados millones de personas.

No se puede perder más tiempo, es la hora de la sociedad civil, es la hora de escuchar y construir desde la ciudadanía y para la ciudadanía, debemos avanzar hacia una mayor justicia social y ambiental en el agua. Las organizaciones sociales, ambientales, ONG, sindicatos, etc., han reclamado durante años el reconocimiento del acceso universal a una fuente segura de agua y al saneamiento como derecho humano, implementado con gestión pública, participación y control social. Esta propuesta ha sido bloqueada repetidamente por el FMA y, especialmente, por aquellos países que trabajan para los intereses de las principales empresas transnacionales del agua. A pesar del bloqueo, y a iniciativa de Bolivia, con el apoyo de distintos países[1], la Asamblea General de Nacio-

---

1 Angola, Antigua y Barbuda, Arabia Saudita, Azerbaijan, Bahrein, Bangladesh, Benin, Eritrea, Burundi, Congo, Cuba, Dominica, Ecuador, El Salvador, Fiji, Georgia, Guinea, Haití, Islas Salomón, Madagascar, Maldivas, Mauricio, Nicaragua, Nigeria, Paraguay, República Centroafricana, República Dominicana, Samoa, San Vicente y las Granadinas, Santa Lucía, Serbia, Seychelles, Sri Lanka, Tuvalu, Uruguay, Vanuatu, la República Bolivariana de Venezuela y Yemen.

nes Unidas reconoció en 2010 el derecho humano al agua y al saneamiento. Por fin, y en pleno siglo XXI, se daba un paso más a nivel internacional: se reconocía que el agua es un derecho básico para la vida y la dignidad de las personas. La implementación de este derecho es lo que ahora está en cuestión, ¿podemos dejar al mercado y a las grandes corporaciones que decidan cómo y quién debe garantizar un derecho humano?, ¿es coherente por parte del Gobierno español reconocer el derecho humano al agua en Naciones Unidas e impulsar políticas de mercantilización del agua en España?

La globalización neoliberal está poniendo en manos de grandes empresas transnacionales el control de las fuentes de agua para la actividad extractiva, ya sea minería o explotación de hidrocarburos, para la agroindustria, para las grandes presas hidroeléctricas, para la industria turística, etc. Este dominio está dejando sin fuentes de agua y sin ecosistemas hídricos a una parte importante de la población rural, especialmente en los países del sur global. Por otro lado, los tímidos logros conseguidos en el norte están cada vez más en riesgo. Pero el agua no solo tiene interés como medio de producción, también tiene un elevado valor económico, tanto en su faceta de objeto de consumo —y de ahí el crecimiento de las compañías embotelladoras de agua— como en la gestión del abastecimiento y el saneamiento.

La privatización de los servicios de abastecimiento urbano se impulsó desde la década de los ochenta en los países del sur. Los argumentos para esta medida, que se calificaba como técnica, se basaban en la eficiencia, transparencia, la inversión y transferencia de tecnología que aportaban las empresas de capital privado frente a la supuesta inoperancia del sector público. Además, por si había algún gobierno reticente, esta política se imponía desde las Instituciones Financieras Internacionales, como el Fondo Monetario Internacional y el Banco Mundial, mediante los Planes de Ajuste Estructural para el pago de las deudas que atenazaban a estos gobiernos en la citada década de los ochenta. El resultado, después de más de treinta años de experiencia, es que las ventajas de la gestión privada han sido inexistentes, el mismo Banco Mundial lo reconoció en el Foro Mundial del Agua de México en 2006, pero las sigue promoviendo.

Utilizar un bien básico para la vida como un producto de mercado, y que una empresa obtenga con ello el máximo beneficio, genera impactos tremendos sobre las mayorías sociales que viven por debajo del umbral de pobreza. La respuesta por parte de esta población fue un rechazo contundente a estas políticas: en América Latina, Suez, Bechtel y otras grandes corporaciones privadas del agua fueron expulsadas, se rescindieron sus contratos por incumplimiento, se han incluido artículos en diversas constituciones donde se reconoce el derecho humano al agua y se indica que su gestión debe ser pública. En Europa, Francia ha iniciado un proceso de retorno a la gestión pública en grandes ciudades, por ejemplo París y Grenoble. En Holanda, tal y como recoge su legislación, toda la gestión del agua debe ser pública, fuera de lógicas mercantiles.

Mientras el mundo empieza a responder a estas políticas fallidas de privatización, el Estado español las impulsa. Maude Marlow definió el agua como el oro azul. En estos momentos, es la mejor calificación que se puede dar a este bien común en España. No tanto por el valor económico que tiene su control estratégico en los regadíos y las hidroeléctricas, que también, sino porque la venta de su gestión pública en abastecimientos urbanos a operadores privados está sirviendo para saldar las abultadas deudas de los gobiernos municipales. Deudas que no tienen que ver, en absoluto, con la gestión del agua, sino más bien con la falta de ingresos de los municipios. A grandes rasgos, la historia que sucedió en los países del sur se repite aquí, se venden los servicios públicos de agua y saneamiento como parte de las políticas de ajuste para reducir la deuda de los municipios. En León, Avilés, Lugo, Jerez, Madrid, etc., se ha vendido, o se está en proceso de vender, este servicio con el fin de obtener una buena inyección de liquidez a costa de mercantilizar un servicio público básico para la población. Los servicios públicos son un legado de la ciudadanía a los responsables por un corto período de tiempo, no tienen la legitimidad para dilapidar un patrimonio que no les pertenece.

A medida que crece la ola privatizadora, tanto en nuestro país como en el resto de Europa, también está creciendo la oposición social. Se están creando plataformas y redes muy activas que multiplican esfuerzos para informar y movilizar a la ciudadanía contra la mercantilización del agua y por el derecho humano al agua y al saneamiento. Ejemplos como el de Italia, donde a través de un referéndum se ha conseguido frenar la privatización del abastecimiento a poblaciones, representan una victoria que alienta al resto de luchas. La movilización social no solo genera una resistencia frente a la privatización, también construye propuestas que permitirían hacer realidad que el derecho humano al agua se garantizara en condiciones de igualdad y no discriminación. El primer paso es la incorporación del derecho humano al agua, y la obligatoriedad de la gestión pública del abastecimiento y saneamiento urbano, en la Ley de Aguas española.

La amenaza que supone perder el control público sobre el agua hace necesario informar y formar para la acción. Así, conocer lo que supone el reconocimiento del derecho humano al agua, recordar los aprendizajes de las nefastas consecuencias de la gestión privada en América Latina y la actual ola privatizadora en Europa son factores clave para fortalecer una creciente movilización social. Eso es precisamente lo que persigue esta publicación, avanzar hacia la conservación de los ecosistemas hídricos y la justicia social en el acceso al agua potable y al saneamiento. Lo que está en juego es una gestión 100% pública que priorice la función social y ambiental del agua y que promueva la gestión democrática del agua como un bien común.

Saneamiento

El saneamiento es un conjunto de métodos y técnicas destinados a mantener y fomentar las condiciones de higiene de una comunidad.

Hubo en la antigüedad grandes ciudades que se preocuparon por gestionar no solo la distribución de agua para el consumo sino, también, la recolección de aguas residuales. Ciudades como Jericó, Roma, Babilonia, Alejandría y Cartago tenían sistemas que, aunque no pueden compararse con los que hay en la actualidad, al menos purificaban en gran medida el agua que utilizaba la población.

Con la llegada de la Edad Media, probablemente a causa del desapego material que se fomentó por motivos religiosos y que propiciaba el descuido del propio cuerpo, poco a poco las prácticas de higiene fueron abandonadas. Los desechos domésticos, los excrementos animales y humanos, así como muchos cadáveres, se tiraban directamente a ríos y lagos y el agua que salía de ellos para abastecer a la población no tenía un tratamiento previo; las basuras inundaban las ciudades y todo ello propició las más graves epidemias conocidas por el hombre.

Con el paso de los siglos, el saneamiento que se había alcanzado se fue deteriorando cada vez más al punto de que, a comienzos del siglo XIX, muchas ciudades tenían niveles intolerables de contaminación. Eran frecuentes las epidemias de cólera y la cantidad de niños que morían de diversos tipos de diarrea era enorme.

En el año 1839, William Farr, encargado de realizar las estadísticas sanitarias de Londres, estudió las diferencias relacionadas con las expectativas de vida y la mortalidad infantil en las diferentes clases sociales. En ese momento constató que un niño de clase social VI (la más baja) tenía siete veces más probabilidades de no llegar a la adolescencia que un niño de clase social I (la más alta). También observó que los adultos pertenecientes a la clase VI tenían una expectativa de vida de veintitrés años en tanto que la de los adultos de clase social I era de cuarenta y cinco.

Tres años después de la publicación de este informe, Edwin Charwick dirigió otra investigación sobre la higiene en los distritos populosos de Inglaterra y Gales, poniendo de manifiesto en sus conclusiones la estrecha relación que hay entre la pobreza y la enfermedad y la relación de ambas con la falta de agua potable y con el tratamiento adecuado de las aguas residuales.

Al tomarse conciencia de la importancia de la higiene, se empiezan a implantar medidas. En Estados Unidos, por ejemplo, desde los púlpitos de las iglesias se enseñaba a los feligreses la importancia de la higiene en su vida cotidiana, explicándoles formas de llevarla cabo.

Pero es a mediados del siglo XIX cuando se inicia el saneamiento moderno. En una primera etapa su objetivo fue mantener en condiciones de potabilidad el agua para el consumo de la población, de modo que, por un lado, su ingestión no provocara enfermedades y, por otro, que su estancamiento no produjera efectos indeseables (malos olores).

Hacia 1950 el concepto de saneamiento se modificó; ya no era suficiente que el agua destinada a ser ingerida no estuviera gravemente contaminada, sino que, además, debía ser un agua de buena calidad. Debido al crecimiento demográfico y a la industrialización, tanto la demanda de agua como los vertidos se hicieron cada vez mayores, sobre todo en las grandes urbes, que albergaban cada vez más habitantes. La introducción de diversos productos químicos en la industria, cuyos desechos eran vertidos por toneladas en las aguas, hicieron necesario un control de calidad no solo del agua destinada al consumo del hombre sino, también, de la necesaria para la industria, la agricultura y la ganadería.

El alcantarillado

La primera preocupación de las autoridades, con relación al agua, fue dotar a las ciudades de una buena red capaz de abastecer de agua potable a la población. Sin embargo, por desconocimiento, no pusieron el mismo empeño en dar a las urbes una red de desagüe eficaz, capaz de arrastrar los desechos sin contaminar el agua limpia. Y aunque unas pocas ciudades tan antiguas como Roma sí lo tuvieran, la práctica de construir este tipo de redes sanitarias cayó en desuso con los siglos.

El sistema de tuberías y estructuras empleado para recoger y drenar las aguas pluviales y residuales de una población se denomina alcantarillado. El complejo sistema se instala desde el lugar donde estas aguas se generan (es decir, en los centros urbanos) y llegan hasta el lugar en el cual se vierten en un medio natural o son tratadas para su posterior reutilización.

Una de las redes de alcantarillado más antiguas del mundo es la Cloaca Máxima, de Roma, cuya construcción se inició hacia el año 600 a. C. En esa época Roma era una de las ciudades más pobladas, y dicha construcción tenía por objeto eliminar los desperdicios de la ciudad y drenar los pantanos próximos a ella.

Originalmente se trató de un canal al aire libre en el cual desembocaban los riachuelos que descendían de las montañas y que, a su paso, recogía los desechos de la ciudad, pero a medida que la población fue creciendo y fue necesario disponer de más espacio para la construcción de edificios, se hizo necesario enterrar algunos tramos de este canal en el subsuelo a fin de edificar en lugares por los cuales pasaba.

La Cloaca Máxima fue una importante obra de ingeniería que, según los expertos, fue llevada a cabo por ingenieros etruscos amén de una gran masa de obreros extraídos de las capas sociales más desfavorecidas.

La obra abarcó varios períodos y durante la época del Imperio se mantuvo en buen estado; hay indicios que apuntan a que periódicamente se realizaban inspecciones destinadas a su óptima conservación, y, de hecho, cuando se observan los restos que aún quedan de esa formidable obra de ingeniería construida en piedra y cemento, se advierte que no todos los tramos o estructuras pertenecen a la misma época.

En la Cloaca Máxima desembocaban otros canales de menor caudal que recogían los desperdicios generados en distintos puntos de la ciudad, y Roma es, en este sentido, una excepción, ya que el objetivo principal de las escasas redes sanitarias que se construyeron era recoger el agua de lluvia.

A principios del siglo XIX en Inglaterra, por ejemplo, estaba absolutamente prohibido verter aguas residuales a los conductos de agua fluvial; los edificios, además, carecían de desagües. Solo a partir del año 1847 tuvieron carácter obligatorio para todas las construcciones.

Con las redes de alcantarillado primitivas los residuos terminaron vertiéndose en menos puntos, pero en estos, naturalmente, la contaminación fue mucho mayor ya que estas aguas residuales no eran adecuadamente tratadas.

Destino de las aguas residuales

Las redes de alcantarillado de una ciudad están formadas por un complejo de tuberías donde, por lo general, el agua circula por presión atmosférica, por gravedad, aunque en algunos casos hay tuberías que lo hacen por vacío o bajo presión. Se pueden distinguir dos tipos de redes: unitarias y separativas. En las primeras, que son las más primitivas, las aguas residuales generadas por los centros urbanos son recogidas en los mismos canales que el agua de lluvia. En las redes separativas que comenzaron a construirse hacia la mitad del siglo XX, en cambio, hay dos sistemas de canales separados: uno para las aguas pluviales y otro que lleva las aguas residuales hasta la estación depuradora.

Tras pasar por un proceso de purificación, el agua tiene como destinos posibles:

• Un río o un arroyo.
• Una zona de mar próxima a la costa.
• Depósitos para ser reutilizada en el riego.

- Son vertidas en el mar, a varios centenares de metros de la costa. Llegan allí a través de una tubería submarina.

Lamentablemente, como se verá más adelante, 2600 millones de personas en el mundo carecen de un saneamiento apropiado y, por lo tanto, no tienen acceso a fuentes de agua potable.

Tratamiento de las aguas residuales

Las aguas residuales, producto de la actividad doméstica, industrial y comercial, reciben un tratamiento con el fin de ser reutilizadas. Este no debe confundirse con el tratamiento del agua potable, ya que son procesos diferentes.

Las aguas residuales llevan contaminantes químicos, biológicos y físicos, y en ocasiones son tratadas en el mismo lugar en que se producen (por ejemplo, empleando para ello tanques sépticos) o pueden ser recogidas y enviadas a través de una red a plantas municipales.

El primer paso en el tratamiento de aguas residuales consiste en filtrarlas a través de mallas para extraer de ellas desechos sólidos y de considerable tamaño. En algunas plantas el procedimiento es distinto ya que estos desechos se trituran. El siguiente paso, llamado «desarenado», consiste en extraer los sólidos pequeños tras lo cual se dejan sedimentar para separar todo lo sólido que esté en suspensión.

En el agua residual también hay metales disueltos, y algunos de ellos, como el plomo o el fósforo, son peligrosos para la salud. Estos materiales se extraen por medio de reacciones químicas.

Para degradar el material orgánico se emplean diferentes tipos de bacterias que se alimentan de él y que, habitualmente, se encuentran ya en el agua. Finalmente, una vez filtrada, y en algunos casos desinfectada, se reintroduce en un medio natural (en tierra, en un río, en el mar, etc.).

Las aguas residuales de origen doméstico, en los países más avanzados en el aspecto sanitario se dividen en dos tipos: aguas negras, que son las que provienen de inodoros, y aguas grises que son las que proceden de lavabos, duchas, bañeras, etc. Estas últimas, se pueden reciclar empleándose, como se ha visto, para el riego o la carga de los inodoros.

Problemas derivados de la cloración

En muchos países, incluidos los más desarrollados, hay tramos de las redes de distribución que funcionan desde hace muchos años. Son cañerías viejas que no se han reemplazado ni revestido posteriormente, razón por la cual tienen fugas y grietas, desprenden óxidos y escamas y, en ocasiones, contienen biopelículas en las cuales proliferan organismos que no son buenos para el hombre. Esto produce una nueva contaminación instalada justamente en el sistema que, se supone, debería transportar agua de la mejor calidad.

Si el agua se trata solamente en las plantas, al pasar por estas cañerías se vuelve a contaminar, por ello una de las medidas que se toman consiste en añadir desinfectantes que operen a lo largo de todo el trayecto y lleguen al consumidor final.

No cabe duda de que cuando se inició la cloración del agua esa medida significó un gran avance en la sanidad y que, gracias a ella, se evitaron millones de muertes anuales, sobre todo en niños menores de cinco años. La presencia de diferentes microorganismos en el agua causaba, incluso en los países industrializados, hace solo cincuenta años, diarreas estacionales que resultaban mortíferas para los más pequeños.

Aunque este problema sigue subsistiendo en los países más pobres del planeta, para aquellos que han podido erradicarlo se presentan nuevos desafíos, ya que los sistemas de purificación empleados, sobre todo el uso del cloro, están lejos de ser inocuos.

Según las investigaciones realizadas, sobre todo en la última década, el cloro puede producir problemas en el organismo, especialmente cuando se añade a aguas que contienen materias orgánicas naturales (MONs) tales como vegetales en putrefacción, que desprenden ácidos húmico y fúlvico, restos de animales muertos, etc.

Cuando el cloro se encuentra con los materiales que desprenden este tipo de desechos orgánicos, reacciona formando otros productos, entre ellos, los llamados trihalometanos (THMs). Algunos de ellos, como el cloroformo, el bromoformo o los ácidos haloacíticos, son sumamente perjudiciales para el hombre.

En algunos países industrializados, este tipo de contaminación es permitida por las autoridades (u obviada) ya que, como los efectos de los THMs se hacen presentes a los veinte años, consideran que aún tienen tiempo para poner remedio.

Riesgos

Tras un estudio llevado a cabo por el Consejo Superior de Investigaciones Científicas de España (CSIC) y el Institut Municipal d'Investigació Mèdica (IMIM) de Barcelona se puso de manifiesto que el agua de grifo, la que consume la población, contiene sustancias cancerígenas que se forman al combinarse el cloro que se vierte al agua con las sustancias orgánicas presentes en los ríos (TMHs). Es importante señalar que hasta el año 1974 estas sustancias eran completamente desconocidas.

A causa de ello, en España se contabilizan unas seiscientas muertes anuales por desarrollo de cáncer de vejiga, que se presenta con mucha mayor frecuencia en hombres que en mujeres.

Varias revistas científicas internacionales también han publicado estudios que relacionan la cloración del agua con otros problemas:

1. Bajo peso en el nacimiento.
2. Riesgo de malformaciones en la médula espinal.
3. Deterioro de la calidad del semen (estudios hechos en animales).
4. Problemas de parto y riesgo de aborto.

Sin embargo, hasta no disponer de una forma de depuración efectiva y sin riesgos, el cloro no se puede dejar de utilizar, aunque sí hay que hacerlo bajo un estricto control.

En el año 1991, conscientes de los efectos indeseables de la cloración, las autoridades peruanas ordenaron no llevar más a cabo esa práctica. Como resultado de ello se produjo en la región el primer brote de cólera desde principios de siglo. Este brote duró cinco años, produciendo un millón de casos y trece mil muertes.

Uso de cloramina

La cloramina es un compuesto químico resultante de la reacción entre el amoníaco y el ácido hipocloroso. Este producto suele ser utilizado, en pequeñas concentraciones, en los sistemas municipales de distribución de agua en reemplazo de la cloración de cloro libre. Este material tiene menor poder de interactuar con los residuos orgánicos naturales y, además, no tiene el característico olor y sabor del cloro. Lo alarmante es que este producto puede ser aún más tóxico que los subproductos derivados del cloro libre, según las investigaciones realizadas en 2007 por el doctor Michael Plewa, catedrático de la Universidad de Illinois.

Poco tiempo después de haberse empezado a reemplazar el cloro con cloramina en California, quienes consumían ese agua empezaron a mostrar diversos síntomas: erupciones cutáneas, mayor irritación en los ojos cuando hacían uso de las piscinas, inflamación dolorosa en el tracto digestivo y problemas respiratorios similares a los del asma.

Contaminación con cromo hexavalente

El cromo es un metal que se halla en la superficie terrestre, en el agua, en las rocas, en los cultivos y en el medioambiente, este debido a la actividad industrial. Tiene, básicamente, dos formas: la trivalente (Cr +3) y la hexavalente (Cr +6). El primero es el que se encuentra en mayor cantidad y es un nutriente indispensable para el organismo ya que participa en la metabolización de los azúcares y otros procesos. Por el contrario, el cromo hexavalente es cancerígeno.

El problema es que, bajo algunas condiciones químicas, el cromo puede cambiar de tetravalente a hexavalente, razón por la cual las autoridades de muchos países han establecido que el agua potable no debe contener más de 50 microgramos de cromo por litro.

Se sabe que los efectos más perjudiciales son los que se producen cuando se inhala este producto (es frecuente el cáncer de pulmón en los obreros expuestos a esta sustancia).

Gracias a un estudio realizado en Estados Unidos por Rebecca Sutton, se supo que el agua de grifo de treinta y una ciudades de dicho país estaba contaminada con cromo hexavalente; que los niveles eran superiores a los permitidos. Entre dichas ciudades también estaba la capital, Washington.

Cabe reflexionar que si en un país con medios suficientes para hacer periódicos controles y estudios del agua que consume su población tienen un problema así, lo que ocurre en países en vías de desarrollo, en muchas regiones de Asia, África y Sudamérica, es mucho más alarmante.

El peligro del agua clorada

El exceso de THM es cancerígeno La cloración parecía el remedio a todos los males del agua hasta que en 2001 la OCU y el Instituto Nacional de Consumo dieron la voz de alerta en España: el agua de nuestros grifos superaba el nivel de trihalometanos (THM) establecido por la UE. Los THM son compuestos orgánicos clorados formados por una reacción entre las materias orgánicas que transporta el agua y el cloro añadido para desinfectarla. En altas dosis y a largo plazo pueden resultar tóxicos y mutagénicos, por ello una nueva norma obligó a medir sus niveles desde el año 2004.

Los THM se asocian al cáncer de vejiga, lesiones de hígado y riñón y afecciones del sistema sanguíneo, aunque no se sabe con exactitud a partir de qué dosis. Por ello, la Directiva comunitaria de aguas de consumo ha establecido el máximo permitido en un nivel muy bajo, 100 mcg/l, basándose en el principio de precaución.

Hasta hace poco la legislación española ni siquiera incluía su control. En 2002, la OCU analizó el agua de ochenta y ocho municipios españoles, y en el 30% de los casos superaba el nivel de THM establecido por la UE. Situación que se supone cambiaría a partir de 2004, con la transposición de la normativa europea. Sin embargo, organizaciones ecologistas como Greenpeace piden ya alternativas a la cloración.

Aunque hay expertos en THM como el catedrático de Química Orgánica de la Universidad Politécnica de Valencia, Hermenegildo García Gómez, que opinan que es mejor que existan trihalometanos por exceso de cloro a que aparezca una contaminación microbiana por defecto.

Cómo rebajar las dosis de cloro es lo que García Gómez y otros se preguntan. La solución fácil es la que están aplicando ya más de cuarenta plantas potabilizadoras de agua en España: sustituir el cloro por dióxido de cloro. El dióxido de cloro reduce la formación de THM, pero puede formar otros compuestos tan o más nocivos.

La gran ventaja del dióxido de cloro (para las plantas potabilizadoras, no para nuestra salud) es la de no aparecer mencionado en la nueva legislación de aguas de consumo.

Además, no hay que invertir ni un céntimo de euro en modificar las instalaciones.

Hay mejores opciones: desde renovar la red de distribución hasta buscar métodos de desinfección alternativos al cloro, como la fotooxidación, que evitaría una de las dos cloraciones a las que se somete el agua: al entrar en la planta potabilizadora y al salir. Y, por supuesto, invertir todos los esfuerzos en reducir la contaminación del agua.

El negocio del agua embotellada

El sector del agua embotellada está creciendo muy rápidamente en todo el mundo, siendo el negocio más boyante actualmente, pero también es uno de los menos regulados, lo que da lugar a situaciones auténticamente escandalosas.

La expansión de este negocio exige a las grandes corporaciones de bebidas y alimentación (Coca Cola, Pepsi Cola, Danone, Nestlé...) tener cada vez mayor acceso a los recursos hídricos, impulsando la privatización de cursos de agua y acuíferos.

Las cifras del negocio del agua hablan por sí solas. En la década de 1970, el volumen anual de agua embotellada que se comercializa en todo el mundo rondaba los mil millones de litros. En la siguiente década se dobla el consumo; sin embargo, es a partir de 1990 cuando el crecimiento ya es exponencial. En el año 2000 las ventas anuales ascienden a más de 84 000 millones de dólares.

En el año 2001, los norteamericanos se gastaron 6880 millones de dólares, y en el año 2006 ya eran 10 980 millones de dólares, con un consumo de 25 800 millones de litros. Esto supone un crecimiento anual superior al 9 %, según los datos aportados por *Bevarage Marketing Corporation* y la *Internacional Bottled Water Associaston*. La marca Dassain, compañía perteneciente al grupo Coca Cola, registra en el segundo trimestre del año 2006 unos beneficios de 1840 millones de dólares, un 6,6 % más que en el mismo periodo del año anterior.

La moda del agua embotellada es también muy importante en Europa. Alemania consume 10 300 millones de litros, Francia 8500 millones y España 5500 millones. Los italianos tenían una media de consumo, en el año 2006, de 183,6 litros por persona y año, y los españoles de 136,7 litros por persona y año.

Mientras que aumentan los beneficios de las multinacionales del agua embotellada, con un agua de calidad cuestionable, una regulación libre y más eficiente de los sistemas municipales permitiría poner en ejecución una distribución de agua potable segura para toda la población del mundo por una cantidad mucho menor que la usada en el agua embotellada.

El consumo anual de agua embotellada alcanza los 154 000 millones de litros en el año 2006, y supone un aumento del 57 % respecto al año 2001. Esto representa un gasto de unos 100 000 millones de dólares anuales. El precio medio de un litro de agua embotellada es 0,65 euros.

En España el litro de agua de grifo cuesta, en el año 2004, 0,00096 euros. Como se puede comprobar, el negocio es redondo. Por el mismo precio de una botella de agua embotellada se puede abastecer con tres mil litros de agua de grifo.

Uno de los grandes problemas es que no hay un mantenimiento adecuado de las redes de distribución de agua potable, ya sean públicas o privadas, lo que deteriora muchísimo el servicio y la calidad del agua que sale del grifo. Está claro que no luce este tipo de inversiones en el mundo político, y de paso se favorece todo lo privado con el clásico esquema neoliberal de que lo privado es mejor que lo público.

Muchas personas argumentan que el agua de sus ciudades y sus pueblos, sobre todo en el arco mediterráneo, no es bebible. En parte tienen razón, TODOS deberíamos exigir a los ayuntamientos, a los gobiernos autonómicos y al Estado que se realicen las inversiones necesarias para que la población haga uso normal del agua de grifo y así evitemos el despilfarro del agua embotellada.

Mientras que no se invierte lo necesario en las redes de abastecimiento, se subvenciona con autorizaciones a bajo coste la explotación de fuentes de agua por empresas embotelladoras privadas, que obtienen unos beneficios fabulosos.

El agua potable nos llega a través de una infraestructura que gasta energía de manera económica, mientras que el agua embotellada se transporta a largas distancias usando barco, tren, avión y camiones. Esto significa quemar cantidades masivas de combustibles fósiles.

En el año 2004, una compañía de Helsinki (Finlandia) envió 1400000 de botellas de agua finlandesa embotellada a 4345 kilómetros, a Arabia Saudita. El 94 % del agua en botella vendida en Estados Unidos se produce nacionalmente, pero muchos norteamericanos consumen agua importada de hasta 9000 kilómetros, como de las islas Fiji y otros lugares lejanos, para satisfacer la demanda «de agua envasada elegante y exótica».

Earth Policy Institute denuncia las grandes distancias que recorre el agua embotellada y el impacto ambiental de este transporte para suministrar un producto que en condiciones más que suficientes para su consumo también se ofrece a través de las cañerías con un coste energético infinitamente menor.

La Fiji Water, con su botella cuadrada, es un complemento habitual de los famosos, maravillados por su exotismo. Este agua proviene de un acuífero bajo una tupida selva de esta isla del Pacífico en la que la compañía destaca que está a cientos de kilómetros de distancia de cualquier continente. Las asociaciones ecologistas señalan que para llegar a los consumidores las botellas deben recorrer una enorme distancia en barco, con el gasto en combustible que eso supone. Mientras esto sucede, en Fiji casi un tercio de los habitantes no tienen acceso al agua potable.

El agua embotellada utiliza más combustibles fósiles. Las botellas de agua son mayoritariamente de plástico, convirtiéndose en una gran fuente de contaminación de las aguas subterráneas. La mayoría de las botellas de agua se fabrican con terephthalate de polietileno, un plástico derivado del petróleo crudo (PET).

Solamente la fabricación de botellas para resolver la demanda de los norteamericanos requiere anualmente más de 1,5 millones de barriles de petróleo, tanto como para aprovisionar de combustible a unos 100000 coches durante un año. En España significan unos 330000 barriles de petróleo, que supone el gasto de unos 22000 coches.

Organizaciones conservacionistas norteamericanas calculan que se necesitan más de cien millones de barriles (el crudo que importa España en dos meses) para producir el plástico de todas las botellas que se utilizaron en el año 2006 para el agua embotellada en el mundo. Los norteamericanos reciclan solo el 14 % y en España el 32,5%. En nuestro país el peso de las botellas de plástico se ha reducido en un 45 % sobre las existentes hace veinte años, de esta forma se ha aligerado el coste energético del transporte.

El mundo usó, en el año 2004, unos 2,7 millones de toneladas de plástico para embotellar agua. De las botellas recolectadas, Estados Unidos exportó el 40 % a destinos tan lejanos como China, requiriendo con todo más combustible fósil.

La industria embotelladora de agua dice que es respetuosa con el medio ambiente, pero esto no es así, pues en muchos casos usa el agua de forma poco respetuosa con el medio ambiente y el 90 % de los envases que utiliza son de plástico. Todos los que vamos por el campo vemos en él infinidad de estos envases, que son fuertemente contaminantes. Estas empresas nos dirán que cumplen la ley escrupulosamente en este tema, pero, aun siendo así, los envases de plástico deben de desaparecer con carácter urgente.

El Instituto de Reciclaje de Envases dice que el 86 % de las botellas plásticas de agua usadas en Estados Unidos se convierten en basura o relleno. La incineración de las botellas usadas genera subproductos tóxicos como el gas clorato y ceniza, similar a las que contiene los metales pesados que ya causan bastantes problemas en la salud humana y animal. Las botellas de agua enterradas pueden tardar hasta mil años en biodegradarse.

Como dice Emily Arnold, del *Herat Policy Institute*, «no se cuestiona que el agua potable limpia barata sea esencial para la salud de nuestra comunidad global, pero el agua envasada no es la respuesta en el mundo desarrollado ni es la solución al problema de 1100 millones de personas que carecen de un abastecimiento de agua segura. Ampliando y mejorando el tratamiento de aguas y el saneamiento de los sistemas existentes es más factible proporcionar fuentes seguras y sustentables de agua en el largo plazo».

Las fábricas embotelladoras, en muchos casos, cogen agua de la misma red de agua a la que accede el público, ya sea pública o privada. Muchas veces, como Coca Cola, le agregan un paquete de minerales y la denominan «agua mineral». Con este proceder aumentan el precio del agua de grifo en más de 1100 veces su valor, embotellándola y convirtiéndose en uno de los negocios más descarados del mundo capitalista.

El diario británico *The Guardian* resume así el proceso del agua embotellada: «Tome agua del grifo de Londres, sométala a un proceso de depuración, denominándola "agua pura" agregue un poco de cloruro de calcio que contenga bromuro para darle sabor, luego bombee ozono, oxidando el bromuro, lo cual no es un problema, convirtiéndola en bromato, que sí lo es. Envié estas botellas de agua al comercio, conteniendo el doble del límite legal de bromato, y el negocio es redondo».

En marzo de 2004, Coca Cola reconoce en Inglaterra que el agua de la marca Dassain es agua común y corriente del grifo, siendo vendida en botellas de medio litro. Retiraron más de medio millón de botellas del mercado argumentando que habían detectado niveles de bromato que excedían las normas legales británicas.

En la huelga de transporte realizada en España en junio de 2008, lo primero que se agotó en los supermercados fue el agua embotellada.

Como dice Andrea Gambas: «con el agua está pasando como ocurrió con el vino, hay mucho interés por conocer aguas con características muy singulares». En las cartas de los restaurantes más lujosos se presentan marcas como:

- Agua de lluvia recogida en Tasmania (Cloud Juice).

- Agua obtenida de un manantial bajo un volcán japonés (Finé).
- Agua filtrada de glaciares canadienses (Berg).

Si el precio del agua mineral más común es unas mil veces más cara que la que sale del grifo, en estos casos la comparación es disparatada. La botella de agua de la marca norteamericana BLING, decorada con cristales de swarovski, pasa por ser la más exclusiva del mundo: no se encuentra por menos de 35 euros, con un precio casi 40 000 veces superior que el precio medio de agua en las ciudades españolas.

Como dice Michael Blandin: «Hay varias técnicas utilizadas por las compañías, y las pregonan como técnicas patentadas, que pasan por siete fases diferentes de filtración y todo lo demás. Y si se analiza el asunto no es más que la ósmosis invertida, básicamente no es más que hacer pasar el agua por una membrana para eliminar contaminantes, lo que es en realidad muy similar al tipo de proceso que se puede encontrar en filtros domésticos de agua, simplemente el tipo que se nos coloca en el grifo por unos doscientos dólares. De manera que el asunto no es tan sofisticado como podrían pretenderse que es».

A medida que se va deteriorando cada vez más la calidad del agua en el mundo y su escasez aumenta, los que pueden permitirse comprar el agua embotellada están a favor de esta fórmula, pese al hecho de que es igual de segura que el agua de grifo, y en algunos casos lo es bastante menos.

Es hora de exigir a los poderes públicos las inversiones necesarias en las redes públicas o privadas para que su mantenimiento sea el adecuado, garantizando la calidad sanitaria del agua de grifo, ya sea en sabor, olor... Y, al mismo tiempo, unas normas de comportamiento ético y sanitario de las aguas embotelladas, con rigurosos controles, así como la exigencia de un precio justo de las mismas.

En América del Sur, las multinacionales extranjeras están adquiriendo grandes zonas de naturaleza salvaje en la que se incluyen sistemas hidrográficos integrales para usarlos en un futuro no muy lejano. Destaca en este sentido el acuífero Guaraní, donde las grandes multinacionales están tomando tierras para explotar el agua.

A veces ocurre que estas empresas agotan por completo no solo los sistemas de su propio terreno sino que también los de la región circundante. Esto es lo que sucedió en Tillicum Valley en la Columbia Británica, donde la empresa canadiense *Canadian Beverage Corp.* ha estado explotando el agua subterránea de la región de manera tan intensiva que los habitantes y los agricultores de la zona se quedaron sin ella.

Al mismo tiempo, en estos tiempos de la globalización, estamos asistiendo a una concentración impresionante de la industria en torno a cuatro o cinco multinacionales que están creando un oligopolio (Nestlé, Danone, Coca Cola, Pepsi Cola...) con decenas de marcas en torno a cada una de ellas, donde marcan el precio y calidad del agua sin apenas control. En Estados Unidos más de un tercio del agua embotellada es simplemente agua de grifo, tratada o no; siendo un negocio monopolizado por Nestlé y Danone, líderes mundiales.

Actualmente, este fabuloso negocio del agua embotellada empieza a ser cuestionado. Las ciudades de Nueva York y Boston han lanzado una campaña publicitaria animando a sus ciudadanos al consumo de agua de grifo, en medio de las protestas de las multinacionales del agua. Chicago ha establecido un impuesto de diez céntimos de dólar por botella para desincentivar su consumo.

Emily LLoyd, responsable del Departamento de Protección Ambiental de Nueva York, dice: «El agua embotellada utiliza mucha más energía que la del grifo, tanto en la producción como en el transporte, y el agua de grifo sirve para algo más que para ducharse o lavar los platos».

La ciudad de San Francisco ha prohibido la compra de agua embotellada por parte de las instituciones públicas, pues supone un gasto de medio millón de dólares anuales. Muchos restaurantes del Estado de California ya han dejado de servir agua mineral y ponen jarras de agua de grifo.

En nuestro país, el Ayuntamiento de Donosti ha tomado la iniciativa en el tema del agua embotellada. Desde hace un año han logrado que más de setenta establecimientos de la ciudad se hayan adherido a su campaña para sustituir las botellas por agua del grifo en los menús. La concejal donostiarra, Victoria Iglesias, dice que «queremos concienciar al ciudadano de la importancia de un consumo responsable. Es una solución más económica, más respetuosa con el medioambiente... Aquí el agua de la red es de altísima calidad. Nuestro objetivo es reducir en origen la producción de residuos».

El Ayuntamiento donostiarra ya no compra agua embotellada, y en las reuniones oficiales el agua de grifo se sirve en jarras. Para esta concejal «se ha devaluado la imagen del agua de grifo y cada vez da más apuro pedir un vaso de agua en vez de una botella en los restaurantes».

Muchos restauradores son reticentes a ofrecer jarras de agua de grifo. La venta de agua embotellada les da importantes beneficios, mientras que las jarras de agua suelen ser gratis. La asociación hostelera madrileña La Viña planteó hace unos meses que se pudiese cobrar por el agua del grifo, pero el tema es complicado por la polémica que suscita y porque las normativas municipales dificultan la venta del agua de grifo.

Según la Agencia Catalana del Agua, en Barcelona se bebe más agua embotellada que de grifo. Rubén Sánchez, de FACUA, dice que hay que invertir más en los sistemas de abastecimiento, y contra el mal sabor del agua se pueden usar los filtros, que es una inversión que se amortiza en unos cuantos meses (los filtros valen unos 140 euros).

En China se ha duplicado en seis años el consumo de agua embotellada, en India se ha triplicado, en Brasil o Indonesia el crecimiento del consumo de agua embotellada es vertiginoso, al mismo tiempo que crece el número de personas que no tienen garantizado el consumo de agua potable. Según la OMS (Organización Mundial de la Salud), hay más de 1100 millones de personas en esta situación.

Para reducir a la mitad esa cifra antes del año 2015, la ONU abogó por duplicar los 10 000 millones de euros anuales que se gastan en sistemas de abastecimiento y alcantarillado. Muy por debajo de los 80 000 millones de euros anuales que se gastaron en el consumo del agua embotellada.

Esta situación del agua embotellada debe acabarse, exigiendo a los poderes públicos las inversiones necesarias en la red de distribución para que llegara a los domicilios un agua con la calidad sanitaria suficiente para no tener que comprar agua embotellada.

Solicitemos una normativa sanitaria muy exigente a las empresas privadas y, al mismo tiempo, que terminen con las prácticas depredadoras de agua, así como la desaparición de las botellas de plástico, cuya contaminación del medioambiente es tan perniciosa, y, por último, que el precio sea mucho más razonable que el actual. Puedo entender que el negocio privado genere beneficios, pero no que alcance el precio escandaloso y desmesurado actual.

En conclusión, estamos plenamente de acuerdo con las palabras de Miguel Jara en la revista *El Ecologista* (n.º 58): «El abultado y creciente consumo de agua embotellada supone la privatización de manantiales y acuíferos, más emisiones para su transporte, un enorme gasto de envases que luego se convierten en residuos, etc. Y ni siquiera está claro que, hablando en términos generales, el agua embotellada sea mejor que la del grifo.

»Hay modas, lo sabemos, que tienen costes medioambientales enormes. Son modas que siempre suelen estar relacionadas con un gran negocio. Uno de los factores que ha producido el espectacular aumento de la esperanza de vida en los países denominados desarrollados en el último siglo es disponer de agua corriente en las casas. Aunque para buena parte del planeta eso todavía es un lujo, en Occidente no para de crecer el consumo de agua mineral embotellada. Pese a que nada nos hace pensar que tenga una mayor calidad que la de grifo bien tratada —más bien todo lo contrario, según algunos expertos— ha florecido durante los últimos años un gran negocio en torno al agua en botella. Esta la pagamos a un precio de oro —de gasolina, como explicaremos a continuación—, y tiene un impacto ambiental enorme por las cantidades de CO_2 que se emiten en los interminables desplazamientos.

»Pese a que la calidad del agua del grifo es bastante buena, es normal que en un bar de Barcelona te sirvan agua de Lanjarón (Granada) o que en un pueblo de Jaén recibas una botella de agua de algún manantial catalán. Un estudio publicado por la BBC de Londres asegura que un litro de agua embotellada genera seiscientas veces mas CO_2 que uno del grifo, razón por la cual se ha lanzado ya una campaña contra el consumo de este tipo de agua».

Y sobre el consumo del agua del grifo nos dice Miguel Jara en el mismo artículo: «En muchas ocasiones se ha publicado que el agua del grifo no está tan limpia, como sería deseable. También se ha escrito sobre los efectos en nuestro organismo de algunas sustancias que suele contener la misma. El programa televisivo Línea 900 —de Radio Televisión Española— abordó en su momento este asunto de la pureza de nuestras aguas, a las que la propia Unión Europea no denomina "potables" sino "aptas para el consumo humano". Altos porcentajes de arsénico en determinadas comarcas por el abuso de nitratos de origen agrícola y ganadero o que la mayor parte de los conductos que la llevan a nuestras casas están hechos con materiales contaminantes, fueron parte de los argumentos esgrimidos por dicho espacio televisivo».

Pero las aguas envasadas también ofrecen sus problemas de limpieza y/o salubridad. Como afirma Pedro González, médico especializado en Salud Pública e Higiene: «El agua más recomendada, por ser sana y barata, es la del grifo». No hace mucho se publicó un informe científico realizado en Holanda que ofreció datos demoledores. Se recogieron muestras de casi setenta marcas de agua envasada de dieciséis países diferentes. El 37 % de las mismas contenía bacterias como la legionella o el estafilococo. Además, un 4 % contenía hongos. Esto puede significar un peligro para personas con su sistema inmune débil.

Bottled Life, los intereses del agua embotellada – La película

¿Te has preguntado alguna, vez cuando tomas agua embotellada, cómo esto puede convertirse en un negocio de mil millones de dólares? En Suiza hay una empresa que ha desarrollado el arte de la perfección en convertir agua corriente en una bebida de deseo metida en un botella. El nombre de esta corporación multinacional es bien conocido: Nestlé, empresa que domina el negocio mundial del agua embotellada.

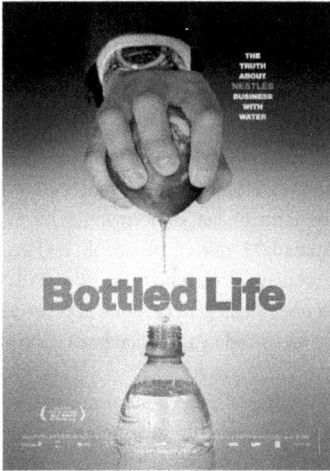

LA PELICULA: Bottled Life
Director: URS SCHNELL
Participantes: PETER BRABECK, RUQUYA ABDI AHMED, BEKELE NEGASH y otros
Investigador: RES GEHRIGER
Director de fotografía: LAURENT STOOP
Música: IVO UBEZIO
Género: Documental
País: Suiza
Duración: 90 min.
Año: 2012. Pendiente de estrenar en España.

El periodista suizo Res Gehringer ha investigado el fenómeno del agua embotellada a través de un viaje por los EE. UU., Nigeria y Pakistán. Su viaje por el mundo del agua embotellada revela los planes y estrategias de una de las empresas más potentes en el sector alimentario y su penetración en el sector de las bebidas en nuestro planeta. Nestlé, por supuesto, se negó a cooperar, con el pretexto de que era «la película equivocada en el momento equivocado». Por supuesto, esta película de momento solo se ha estrenado en Suiza, pero creemos importante su divulgación para presionar que también sea exhibida en España. Fundación Tierra, en el año 2004, promovió «Acábatela», una campaña que defendía que el agua mineral es un valor escaso y una monografía sobre el agua envasada (disponible solo en lengua catalana).

Algunos datos

El agua embotellada constituye ya un 10 % del negocio de Nestlé, razón por la cual es una de las líneas estratégicas de una empresa que factura anualmente más de ciento diez millones de dólares.

Nestlé ha logrado dominar el mundo en el negocio de agua embotellada al hacerse cargo de las marcas líderes como Perrier, que en su momento padeció un curioso «accidente» de contaminación en sus aguas que hundieron su liderazgo.

Nestlé está constantemente comprando los acuíferos de agua subterránea a fin de satisfacer la gran demanda que ha creado para el agua embotellada.

Nestlé se está aprovechando de los derechos de agua a menudo fuera de la fecha en muchos lugares mediante la operación de los límites de la legalidad (no solo en los países en desarrollo, sino también en EE. UU. y en otras partes del mundo industrializado).

Nestlé no escatima esfuerzos para ejercer presión financiera, jurídica y política en una campaña para que la propiedad del agua deje de ser considerada un bien público y un derecho humano.

Nestlé está utilizando los valiosos recursos naturales de agua para crear y comercializar agua «nueva», que no es más que agua potable de la red tratada.

Nestlé promueve el agua embotellada con el *marketing* global y amplía las campañas de publicidad (la conciencia de socavar la necesidad de un funcionamiento del sistema público de abastecimiento de agua).

En los países en desarrollo el agua embotellada se vende como alimento seguro.

Nestlé se promociona como un benefactor actuando como donante en campañas de relaciones públicas a nivel local. Pero, al mismo tiempo, el patrocinio de Nestlé es una estrategia para enmascarar la manipulación de la opinión pública.

Nestlé crea la dependencia al agua embotellada, en particular en aquellos lugares en los que los suministros de aguas públicas están al borde del colapso y en los países en desarrollo.

El negocio de agua embotellada de Nestlé no es simplemente un negocio como cualquier otro, es una estrategia para hacerse con un recurso natural esencial para la supervivencia del ser humano.

En 1997 Nestlé comenzó a desarrollar un nuevo producto creado a partir de agua tratada proveniente de una mezcla de aguas minerales con otras. La ventaja de este agua es que puede ser caracterizada, y por tanto se consigue que tenga el mismo sabor a nivel mundial. El nombre, *Nestlé Pure Life*, expresa este concepto de impulsar un mercado de consumidores adictos a un sabor de agua. Hoy en día, *Nestlé Pure Life* es el agua embotellada más vendida del planeta.

Tipos de aguas embotelladas

Las aguas minerales tienen su origen en una reserva de agua subterránea, teóricamente protegida de toda contaminación, y se obtienen al brotar en algún punto de la superficie o a través de una perforación. Tienen una composición mineral característica que se mantiene estable en el tiempo. Al ser envasadas no deben recibir ningún tratamiento químico ni aditivo, tan solo son permitidos algunos tratamientos físicos para eliminar elementos indeseables, y no se pueden desinfectar (contienen su microflora natural). Además, se caracterizan por la producción de ciertos efectos beneficiosos (aunque no estrictamente curativos) sobre la salud de quienes las consuman. Sin embargo, continúa el debate abierto sobre la influencia de los materiales del envase. En el caso del PVC (ahora prácticamente inexistente), había migración de sustancias cloradas hacia al agua) era clara. Con el PET no hay datos concluyentes, pero tampoco hay seguridad total, tanto por el antimonio que incorpora como por la permeabilidad a determinadas sustancias, especialmente las volátiles.

En EE. UU. se etiqueta a las aguas minerales como «MINERAL WATER, no recomendable beber más de tres o cuatro vasos al día». El contenido en sales de la mayoría de estas aguas es absolutamente ridículo respecto a la que nos aportan los alimentos (una aceituna tiene el sodio equivalente a 700 litros de agua de Madrid, por ejemplo).

Las principales virtudes de las aguas minerales, pues, serían la ausencia de contaminación y las propiedades beneficiosas que nos otorgarían, básicamente relacionadas con su contenido en elementos minerales. Cada agua tiene una composición, a la que se le pueden otorgar unos efectos. Así, las aguas bicarbonatadas, con elevado contenido en bicarbonato sódico, controlan el pH del estómago y reducen la acidez. Las aguas con sulfatos tienen ciertos efectos laxantes. Las aguas sulfurosas tienen propiedades antirreumáticas, y las ricas en silicio son depurativas y potencian el sistema inmunitario. Las aguas ferruginosas, con contenido en hierro, se utilizan como agua de bebida en casos de anemia, obesidad, reumatismo y trastornos del hígado y de la piel. Las aguas minerales más habitualmente empleadas como agua de mesa, sin embargo, son las de mineralización débil, con bajo contenido de sales disueltas, que pueden tener un efecto depurativo en favorecer la eliminación de toxinas a través de la orina.

Se considera que un agua mineral, sobre todo si se hace un consumo continuado, debe presentar una cantidad de sales disueltas moderada que no exceda los 500 mg/l de sólidos disueltos. Tampoco son recomendables altas concentraciones de sodio (conviene no superar los 200 mg/l), cloruros (no sobrepasar los 200 mg/l) o flúor (concentraciones inferiores a 1 mg/l). Las concentraciones de nitrato en agua para la preparación de alimentos infantiles no deben superar los 10 mg/l.

Las aguas minerales contienen elementos que nuestro cuerpo necesita (calcio, silicio, algunos metales), pero no son ni mucho menos nuestra única fuente de minerales. La proporción de minerales que obtenemos a través del agua es ínfima comparada con la proporción presente en los alimentos, de modo que no podemos confiar solo en el consumo de agua mineral para abastecer nuestro cuerpo de los elementos necesarios. Además, el contenido en minerales no siempre tiene que ser beneficioso.

El agua mineral natural

El agua mineral natural es el agua de un manantial localizado geográficamente y tipificado que cumple con los requisitos legales sobre el contenido de minerales y sales disueltas (por ejemplo, Perrier o Vittel). Se caracterizan por una composición característica en minerales, oligoelementos y otros componentes, que pueden contener una flora autóctona sana y que conservan sus propiedades intactas en el momento del envasado.

El agua de manantial

Esta denominación, en Estados Unidos, es un eufemismo para indicar que el agua embotellada proviene de mezclar de varias fuentes (como el caso de Poland Spring, en el Estado de Maine, que muestra la película). Sin embargo, no se puede considerar como agua mineral natural o clásica. En países de la UE el agua de manantial proviene de una fuente subterránea. Sin embargo, los requisitos en cuanto a las normas respecto a la composición mineral son menos estrictas. De este modo pueden tratarse en la planta de embotellado.

El agua tratada

Diversas empresas de agua embotellada como Nestlé, Coca Cola o Pepsi Cola están comercializando aguas subterráneas no tipificadas o incluso tratando el agua potable de la red con ósmosis y de este modo venden la «seguridad» en el acto de beber agua (en la película, por ejemplo, se ilustra el caso de *Nestlé Pure Life*).

Hay que recordar que Nestlé está catalogada como una de las multinacionales más peligrosas para el planeta. Leemos en la red: «Nestlé y su enorme manto de crímenes contra el hombre y la naturaleza, como son la deforestación masiva en Borneo —el hábitat de los orangutanes en peligro crítico— para cultivar aceite de palma, y la compra de la leche de las granjas confiscadas ilegalmente por un déspota en Zimbabwe. Nestlé comenzó a provocar a los ambientalistas por sus ridículas afirmaciones de que el agua embotellada es "ecológica", desde ahí en adelante se ha ido destapando su red siniestra de control y destrucción. Nestlé realizó esfuerzos mundiales para instar a las madres de países del tercer mundo a utilizar su sustituto de leche para lactantes en lugar de la lactancia materna, sin advertirles de los posibles efectos negativos. Supuestamente, Nestlé contrató a mujeres vestidas de enfermeras para entregar la fórmula infantil gratuita, que se mezcla con frecuencia con agua contaminada. Los medios no mencionaron a los niños que murieron de hambre cuando la fórmula se agotó y sus madres no podían pagar más».[2]

Oro azul «La guerra del agua» (Documental)

Basado en el famoso libro de Maude Barlow y Tony Clarke, este documental ha recibido numerosos premios.

«De pronto, todo resulta claro: el mundo se está quedando sin agua dulce. La humanidad contamina, malgasta y agota la fuente de la vida a un ritmo alarmante. Cada día que pasa se agranda más la brecha entre nuestras exigencias de agua dulce y las cantidades concretas de las que realmente disponemos y, como consecuencia, son más los miles de personas que se colocan en situación de riesgo. Ya en este momento, el impacto social, político y económico de la escasez de agua se está convirtiendo rápidamente en una fuerza desestabilizadora. Para decirlo sin rodeos, si no cambiamos drásticamente nuestro comportamiento en esta materia, entre la mitad y las dos terceras partes de la humanidad tendrán que enfrentarse a una grave escasez de agua dulce durante los próximos veinticinco años.»

---

2 http://ecocosas.com/eg/las-10-multinacionales-mas-peligrosas-del-mundo/

Con esta dramática descripción comienza el famoso libro Oro Azul de Maude Barlow y Tony Clarke, en el que está basado el documental *Oro Azul: la guerra del agua.*

Multipremiado en numerosos festivales, el trabajo, dirigido por Sam Bozzo, plantea con crudeza la posibilidad de que en el futuro las guerras no se libren por el petróleo, sino por algo mucho más básico y necesario para la vida: el agua. Gigantes corporativos, inversores privados y gobiernos corruptos compiten ya hoy por el control de nuestros suministros de agua fresca que cada vez son más escasos.

El planeta se acerca rápida y peligrosamente a una crisis mundial por el agua en la medida en que la fuente de vida por excelencia entre a formar parte de un mercado global y sea asunto de disputas en la arena política.

Para evitarlo, Maude Barlow y Tony Clarke proponen en su libro una serie de directrices:

- Promover «constituciones que garanticen un mínimo vital de agua gratuita» para todos.
- Nombrar «consejos de administración del agua» de alcance local.
- Luchar por la promulgación de una «legislación nacional que proteja el agua».
- Oponerse a la explotación comercial del agua.
- Apoyar el movimiento contra las presas.
- Hacer frente al Fondo Monetario Internacional y al Banco Mundial.
- Poner en tela de juicio a los «señores del agua».
- Trabajar a favor de la justicia global.
- Promover la «propuesta de tratado en defensa del agua como bien común».
- Apoyar la celebración de una «Convención Global del Agua».

Agua para elegir

Afortunadamente cada vez hay una mayor conciencia de la importancia del agua en nuestra vida y ello redunda en una presión a los gobiernos para que controlen estrictamente su calidad y sobre las empresas que distribuyen agua de manantial que, dada la gran competencia, intentan ofrecer productos cada vez mejores.

En la actualidad disponemos de diferentes tipos de agua, muchos de ellos innegablemente superiores y más beneficiosos para la salud que los que se podían conseguir hace apenas veinte años en el mercado; sin embargo, no hay que engañarse, porque a la sombra de la preocupación por el bienestar y la vida sana también han crecido empresas que ofrecen productos que están muy lejos de proveer al consumidor lo que pregonan.

Una de las preocupaciones de la medicina natural y de las industrias asociadas a ella con respecto al agua ha sido conseguir un producto apto para el consumo, no contaminado, pero evitando la utilización de agentes o métodos habitualmente empleados por las plantas de depuración. A continuación se citan las más importantes.

Agua magnetizada

Aunque la ciencia oficial no ha dado el visto bueno a este tratamiento del agua, como es ya habitual que ocurra con muchas técnicas o terapias alternativas, muchos científicos no dudan en admitir que un imán puede interactuar con ella reordenando sus moléculas. El problema es que estos cambios (que sin duda existen ante la presencia de un imán) son sumamente sutiles y no se cuenta con instrumentos capaces de medirlos. Pero hay evidencias de que su uso ha logrado incrementar el crecimiento de los cultivos entre un 50 % y un 100 %.

La mayor oposición al método de magnetización plantea que sí es cierto que mientras el agua está en contacto con el imán las moléculas se reordenan de una forma determinada, pero que al cesar el campo magnético estas vuelven a desordenarse.

Lo que sí es seguro es que no se ha demostrado que la magnetización sea algo negativo en tanto que sí se han constatado curaciones en quienes han hecho uso de ella. Es verdad que siempre se puede hablar de un *efecto placebo*, ser interpretadas como sugestión, pero lo cierto es que el procedimiento ha funcionado.

Las propiedades que se atribuyen al agua magnetizada son numerosas; entre ellas cabe señalar las siguientes:

- Mejor gusto.
- Reduce la acidez y ayuda a regular el pH del cuerpo.
- Regula la tensión arterial.
- Regula el metabolismo.
- Favorece la desaparición de cálculos.
- Propicia el peristaltismo intestinal mejorando las digestiones.
- Reduce la acumulación de grasas.
- Mejora el aspecto de la piel.
- Estimula la actividad cerebral.
- Facilita la relajación y el bien estar.
- Proporciona más salud y vitalidad.

Según el doctor Felicísimo Ramos, en su libro *El agua magnetizada* (Mandala ediciones), el agua ordenada por la intervención de campos magnéticos actúa como agente de limpieza orgánica y posee efectos relajantes debido a que ejerce su influencia sobre el sistema parasimpático. Su ingesta es sugerida para todas las personas en caso de cansancio (ya que tiene efectos sedantes), dolores en articulaciones, alergias, arterioesclerosis, calambres, dermatitis, depresión, estrés, obesidad, diabetes, arrugas, próstata, hemorroides, gota, acné, artrosis, asma, insomnio, osteoporosis, fracturas, cistitis, celulitis, verrugas, ciática, úlceras, afecciones del riñón, cataratas, cáncer, herpes, varices, reumatismo, dolores de cabeza, dolores de columna, quemaduras con fuego y sol. Además, rejuvenece la piel, detiene y recupera la caída del cabello, previene el Parkinson y hace funcionar bien al corazón.

La teoría que afirma que el agua magnetizada (agua que atraviesa o se pone en contacto con los campos magnéticos) puede producir efectos beneficiosos en la salud de los seres vivos se basa en los principios del electromagnetismo y la biología molecular, dado que la alineación y el movimiento organizado mantiene los electrones en pares estables y rompe la estructura de las macromoléculas de los minerales transformándolas en pequeñas estructuras. De este modo, los elementos que ingresan nuevos y los que se hallan circulando por los fluidos corporales son alineados y organizados en modo óptimo para poder atravesar fácilmente la membrana celular, nutriendo e hidratando los tejidos vivos.

El agua magnetizada en la Naturaleza

El agua magnetizada en forma natural se encuentra en cientos de regiones montañosas. Se magnetiza al fluir por las capas de granito que se fueron depositando durante billones de años debido a la acción de los volcanes y los meteoritos. Dicha agua se mantiene estable durante algunas horas, después de las cuales retorna al estado de desorden. Cuando el agua de la red o las aguas embotelladas entran en contacto con magnetos de alta densidad, se magnetiza en pocos minutos y se mantiene estable poco tiempo después de retirarla, volviendo al estado de desorganización. Si el agua permanece durante varias horas en contacto con campos magnéticos, se potencian los efectos y tarda más tiempo en desordenarse. La Asociación Argentina para el Estudio del Magnetismo ha realizado investigaciones de las distintas técnicas de magnetización del agua, así como de los diferentes efectos que se obtienen en distintas concentraciones, tiempos de exposición y tipos de magnetos. Los estudios bioquímicos han sido oficialmente certificados y se encuentran a disposición de los investigadores que soliciten estos datos para continuar con otras investigaciones pertinentes.

Los minerales en el agua no magnetizada y en los suplementos minerales son difícilmente absorbidos por las células debido a su enorme estructura molecular. La magnetización rompe las estructuras de las moléculas en el agua y las agrupa en pequeñas estructuras. El material de deshecho (en desorden) que se encuentra en el interior de la célula es arrastrado por la fuerza de la estructura ordenada del agua magnetizada y expulsado fuera del cuerpo. El agua magnetizada protege a la célula de perder sus electrones. Cuando el agua no está magnetizada, sus moléculas se agrupan en grandes cadenas y sus movimientos son lentos y desorganizados. No hay unión magnética, de modo que sus moléculas están desorganizadas, con lo cual en lugar de proteger y nutrir a la célula sus movimientos dañan la pared celular y permiten que los contaminantes penetren al núcleo de la célula. Las moléculas en el agua polarizada son más estables e independientes, con menor necesidad de reunirse, se agrupan en pequeñas cadenas, lo que resulta en un agua más liviana. Esta es la explicación del punto de vista eléctrico de por qué se observa un comportamiento del agua que se traduce en su cualidad de liviana y de agradable sabor.

Los estudios de resonancia magnética han demostrado que se hallan de tres a cinco moléculas en los pequeños racimos o cadenas de moléculas en el agua magnetizada, mientras que en el agua bruta se encuentran de treinta a cincuenta moléculas por grupo. El agua reunida en pequeños grupos es utilizada por el cuerpo en forma eficiente, entra en la célula más fácilmente. Algunas personas beben suficiente agua diariamente y, sin embargo, muestran signos de deshidratación, la razón podría encontrarse en el comportamiento del agua respecto a la célula, según el tipo de agua que ingieran. El agua ordenada por campos magnéticos asegura la hidratación de los tejidos.

Cómo magnetizar el agua

Si bien se vende agua magnetizada embotellada, el proceso puede realizarse fácilmente de forma doméstica. Por una parte, hay en el mercado jarras magnéticas fabricadas para este propósito. Basta poner en ellas agua y dejarla reposar para que los imanes obren su efecto.

Otro procedimiento consiste en utilizar un imán, teniendo en cuenta que cuanto más potente sea mejores resultados podrán obtenerse. Es importante tener en cuenta que no conviene dejar el imán dentro del líquido ya que se oxida y suelta partículas que se incorporan al agua. Lo mejor es hacerlo de una de las siguientes maneras:

- Colgar un imán sobre la jarra o recipiente donde se guardará el agua y verter, con un chorro lo más fino posible, el agua sobre él hasta llenar el recipiente.
- Para este método se necesitan dos imanes metálicos, en forma de disco, de ocho o diez centímetros de diámetro. Se colocan de manera que en uno quede hacia arriba el polo Norte y el otro para que exponga el polo Sur.
  Se llenan dos botellas o jarras de agua de fondo plano (no deben ser metálicas) y se pone cada una sobre uno de los imanes. Transcurrido un tiempo, ambos líquidos se mezclan y están listos para ser ingeridos.

Es importante saber que el grado de magnetización que se puede obtener depende de tres factores:

- Cantidad de líquido que esté en contacto con el imán.
- Potencia del imán.
- Tiempo de exposición.

Obviamente, cuanto más intensa sea la magnetización, mayores beneficios se obtendrán.

Las dosis que se suelen recomendar son: un vaso en ayunas, otro a mediodía y otro por la noche.

Agua ionizada

Se llama «ionizada» a un tipo de agua que se obtiene tras una electrólisis controlada a bajo voltaje. Para producirla se emplea un aparato que se conecta, normalmente, al grifo de la cocina.

En la ionización del agua intervienen varios procesos:

- En primer lugar, el agua que sale del grifo es dirigida hacia la máquina. Allí pasa por un filtro de carbón activado que elimina gran parte de las impurezas que pudiera contener.
- Una vez filtrada, el agua pasa a la cámara de electrólisis donde recibe una corriente eléctrica. Con ello se consigue un agua alcalina, por una parte, y un agua ácida por la otra. Ambos tipos salen por diferentes conductos fuera del aparato. Otra de las consecuencias de la electrólisis es que las agrupaciones de moléculas de agua son más pequeñas; habitualmente tienen de diez a trece moléculas y, tras la electrólisis, de cinco a seis.

Tanto el agua alcalina como el agua ácida tienen diferentes características y aplicaciones. Entre las ventajas de consumir agua alcalina ionizada se pueden citar las siguientes:

- **Es un antioxidante natural.** En ella se elimina el oxígeno activo, que tiene un mayor poder de oxidación, retrasando con ello el envejecimiento celular.
- **Ayuda a balancear el pH del cuerpo.** Nuestro organismo no siempre tiene el adecuado equilibrio y es común que los tejidos sean más ácidos de lo conveniente. El agua ionizada es alcalina, por lo tanto ayuda a mantener el equilibrio mejorando así la salud en todos los aspectos. Es importante tener en cuenta que a mayor acidez mayor posibilidad de enfermar. Muchas dolencias, entre las que se pueden citar el cáncer, la fibromialgia, la artritis, etc., se ven propiciadas cuando los tejidos están acidificados.
- **Sobre el cutis, actúa como astringente.** Ayuda a cerrar los poros, hidrata mejor y, a la vez, oxigena las células.
- **Ayuda a eliminar toxinas.** Como las agrupaciones moleculares del agua ionizada son más pequeñas, arrastran mejor las toxinas evitando el envejecimiento celular.

Características del agua alcalina ionizada

1. **Grupos moleculares (racimos) pequeños**
   Los grupos de moléculas pequeños hacen que los desechos del cuerpo sean más fáciles de disolver y expulsar. Esto es importante porque el exceso de desechos (toxinas) en el cuerpo es la razón por la cual se envejece y es la causa de las enfermedades.

2. **Abundantes minerales activos**

   Se pueden encontrar muchos tipos de minerales en los animales, vegetales y el agua. Una gran variedad de minerales son necesarios para todos los procesos vitales y ayudan a mantener el funcionamiento de nuestros cuerpos. Se absorben mejor los minerales activos que la forma inactiva.

3. **Buena restauración**

   Controla la bacteria saprogénica en los órganos y aumenta la flora probiótica. El agua alcalina ionizada controla la bacteria y previene la enfermedad. El agua alcalina es la única que puede restaurar la salud y ayudar a la flora buena a crecer en el cuerpo.

4. **Elimina el oxígeno activo**

   El oxígeno activo es el tipo de oxígeno que se combina fácilmente con las sustancias circundantes. El oxígeno activo es inestable, así que tiene menos electrones. El oxígeno activo posee un mayor poder de oxidación y está vinculado con el proceso de envejecimiento y la enfermedad.

5. **Abundante agua hexagonal**

   Los grupos del agua tienen normalmente de trece a quince moléculas. El agua hexagonal es un grupo de seis moléculas de agua, que es la forma más estable y natural para el cuerpo humano.

   Una célula del cuerpo humano contiene aproximadamente 70 000 moléculas, del 60 % al 65 % de ellas son de grupos de agua hexagonal. El cuerpo favorece este tipo de agua. La célula humana enferma está vinculada con menos agua hexagonal.

   Para obtener el agua con estos grupos hexagonales, se puede:

   • Bajar la temperatura del agua.
   • Electrolizar el agua con minerales abundantes.
   • Tratar el agua con imanes.

Agua estructurada

Las moléculas de agua se unen por medio del hidrógeno. En el agua normal se unen en clusters de un determinado tamaño y una determinada forma; tanto el tamaño como la forma del cluster tienen efecto sobre los organismos biológicos.

La molécula compuesta por dos átomos de hidrógeno y uno de oxígeno es aquella que casi todos identificamos como agua. Pero la realidad es algo más compleja. Estas moléculas parecen ser muy gregarias. Les gusta unirse y solo raramente se encuentran solas. Se unen en clusters que van desde las cinco hasta las seiscientas moléculas. Estos grupos de moléculas no son estáticos. Las moléculas pueden cambiar su posición muy fácilmente desplazándose de un grupo a otro, cosa que hacen a menudo.

Cada nanosegundo, estas uniones, realizadas por medio del hidrógeno, se forman y vuelven a romperse en múltiples ocasiones. De esta forma se produce la increíble energía dinámica del agua. La «estructura» del agua depende de la forma y del tamaño de los clusters de moléculas que interactúan de forma constante.

Unidad de agua estructurada

La unidad de agua estructurada es una nueva tecnología para el tratamiento del agua que utiliza los mismos métodos utilizados por la naturaleza, produciendo agua más limpia, más rica, sin necesidad de filtros, sal, electricidad ni especiales alianzas de metales; es un sistema de depuración verdaderamente exento de gastos.

Esta nueva tecnología utiliza una aplicación que, debido a los últimos descubrimientos sobre el fenómeno del vórtice, utiliza las propias cualidades del agua para crear una «máquina de fluidos» que trabaja a nivel molecular.

Esta «máquina de fluidos» altera la estructura molecular del agua y retiene y activa los saludables beneficios de los minerales, mientras de forma dinámica aísla o elimina los excesos de sólidos en suspensión, de sedimentos y de contaminantes.

Estructuras geométricas específicas crean una energía que permite al agua estructurarse. De esta forma la tensión de superficie del agua se reduce y aumenta su capacidad de hidratación.

La unidad de agua estructurada hace que el agua sea más blanda, evitando la pérdida de minerales saludables. Los sistemas estándar, por el contrario, a través de filtros, del sistema de ósmosis inversa o de otros sistemas que hacen el agua más blanda, eliminan estos minerales. Esta tecnología geométrica rompe los clusters grandes con moléculas de baja energía, creando clusters más pequeños de energía alta.

Esto hace que la tensión de superficie del agua disminuya mientras su capacidad de hidratación aumenta, tanto para abrir el suelo de arcilla como para aislar los sólidos negativos disueltos, evitando dañar las células y manteniendo el organismo saludable y equilibrado. Este tratamiento sistemático elimina del agua los esquemas de energía negativa (algunas veces llamados «memoria» del agua) y vuelve a definir los esquemas naturales de energía saludable del agua.

El agua estructurada nos permite a través del ANR y del ADN encontrar el equilibrio en nuestro universo. Además, y esto es muy importante, cuando bebemos o nos duchamos, las configuraciones geométricas rompen los grandes clusters de moléculas de baja energía creando nuevos clusters más pequeños y de alta energía.

En el interior de la unidad, el agua es agitada de una forma similar a lo que acontece en la corriente de un río. Inmediatamente se percibe una mejora tanto en el olor como en el sabor del agua. Imagina lo que esto puede significar para la salud y el bienestar de tu familia. Será posible beber el agua del grifo. Otra importante ventaja de este sistema es que no necesita repuestos, evitando posteriores gastos en piezas, como ocurre con los demás filtros presentes en el mercado. Piensa qué ahorro se produce al no tener que llenar tanques ni comprar agua embotellada ni necesitar repuestos para el filtro. Ya no se contribuye a contaminar con las botellas de plástico. Esta contaminación se ha convertido en un grave problema para el medioambiente. Hay que probar el agua estructurada para percibir la diferencia, el agua tal como la crea la naturaleza.

Aunque muchos puedan haber oído hablar de valores muy diferentes, la mayoría de las aguas de grifo, de las aguas embotelladas y del agua desionizada tienen un pH de entre 5.5 y 6.5. Una secuela de esta acidez del agua es la formación en el interior de nuestro cuerpo de radicales libres, responsables de nuestro envejecimiento, de la destrucción de nuestras células sanas y del riesgo de sufrir tumores. La mayoría de los filtros y de los demás sistemas de depuración no solo quitan del agua casi todo, sino que le quitan también la vitalidad, lo que queda es prácticamente agua «muerta». El agua contenida en las células de nuestros cuerpos es agua estructurada. El agua más apreciada por nuestras células es agua estructurada en pequeños clusters que contienen de cinco a veinte moléculas. Efectos biológicos negativos pueden ser provocados también por pequeñas cantidades de contaminantes que hoy día se consideran inocuas. Si miramos los niveles de contaminantes permitidos en nuestras aguas, nos tememos que los daños que ya se han producido tanto en el medioambiente como en nosotros mismos son mucho más grandes de lo que podamos imaginar.

Si el agua retiene en su memoria los contaminantes, y si esta memoria permanece tras su tratamiento con el cloro y los filtros, ¿qué tipo de información estamos dando a las células de nuestro cuerpo?

Existen algunas zonas en el mundo donde las personas disfrutan de una longevidad que supera con mucho la media; eso se debe al agua de la cual se dispone. El valle de Hunza, en el norte de Pakistán, es famoso por la longevidad de sus habitantes. También se ha probado que tanto las aguas de las fuentes de lugares de culto, como la de Lourdes en Francia, la de Tiacotle en México y la de muchas otras, son aguas que se aprecian por su calidad y su efecto positivo sobre la salud.

Beneficios para la salud

Estos son algunos de los beneficios para la salud y el bienestar que se obtienen consumiendo el agua geométricamente estructurada:

El cuerpo busca el equilibrio, el agua también busca estar en equilibrio en el cuerpo; gracias a esto, el cuerpo puede replicarse en agua equilibrada de forma natural. El regalo de la naturaleza para la humanidad es el agua, estructurada para estar sana y equilibrada.

El agua es atraída por el equilibrio. Como el agua posee memoria, tiene marcada en su memoria toda la energía y todos los pensamientos de los alrededores, acordando en su búsqueda de equilibrio tanto las cosas positivas como las negativas.

La naturaleza acelera este proceso en el medioambiente, configurando las formas geométricas necesarias para que el agua pueda alcanzar y mantener el equilibrio, a través de la actividad del vórtice que se produce al pasar el agua sobre las rocas, fluyendo por cascadas y barrancos. Por esta razón, el agua que baja en torrentes y se alimenta de la que se derrite de los glaciares, se purifica. Esto explica también por qué el agua que se mueve en un tubo recto de más de 300 pies o que se encuentre dentro una botella durante mucho tiempo se convierte en agua «muerta». La tecnología de filtración de agua con filtros de agua, ósmosis, etc., también filtra las cosas buenas como los minerales. Así se bebe un agua con poca vitalidad.

Algunos de los beneficios de la unidad de agua estructurada son:

- Ayuda a liberar minerales y vitaminas saludables para todas las formas de vida.
- La eliminación de las toxinas en el organismo funciona mucho mejor.
- Mejor oxigenación de sangre y cerebro.
- Evita enfermedades como la demencia.
- Incrementa la energía fotónica.
- Ayuda a mejorar el nivel de colesterol.
- Mejor hidratación para gente mayor.
- La limpieza de la piel y del pelo mejora, al lavarse el pelo aumentará la sensación de bienestar.
- Los animales, las mascotas y los peces estarán más sanos.
- Reduce los dolores musculares y de las articulaciones, mejora la salud, da más energía.
- Potencial Hidrógeno aumentado al pH Equilibrado.
- Reduce los efectos de las quemaduras por exposición solar.
- No tiene olor a cloro. Previene la piel seca y el picor.
- Favorece la longevidad.
- Permite duchas y baños más refrescantes (sin necesidad de filtros).
- Remueve los sedimentos de aragonite y de calcio.

Agua de mar

«El agua de mar ha sido utilizada desde hace miles de años por su poder curativo. En China, 2500 años antes de Cristo, el emperador Fu-Shi, padre de la medicina marina, recomendaba agua de mar, algas marinas ymsales marinas para recuperar la salud y conservarla.

»Es más que probable que desde la antigüedad los pueblos que vivían en la costa hayan descubierto, entre otras, las propiedades cicatrizantes del agua de mar; sin embargo, la primera referencia médica al respecto, en Occidente, es de Hipócrates (460-360 a. C.). En su tratado titulado *Sobre la Medicina Antigua* la recomienda para las úlceras y heridas cutáneas, y en su obra *Sobre las Aguas, Aire y Lugares* es donde más explicaciones da acerca de su empleo.

»Estos métodos cayeron en desuso hasta que, en el siglo XIX, el doctor René Quinton investigara sobre ello. Habiendo contraído una tuberculosis (y en una época en la cual la penicilina aún era desconocida) se encontró con un amigo que le dejó un libro de Platón. En él, el filósofo griego cuenta que cierta vez que padeció un trastorno respiratorio, varios sacerdotes egipcios lo sometieron a una cura marina. Dicha cura consistía en darse baños en el mar y beber sus aguas previamente tratadas. Sin nada que perder, Quinton probó el método y al cabo de un tiempo pudo recuperar su salud.

»Entusiasmado, empezó a investigar con perros enfermos a los que inyectaba o hacía ingerir agua marina obteniendo un éxito extraordinario. Sus investigaciones fueron publicadas en el año 2004 con el título *El agua de mar: medio orgánico*.

»El doctor Quinton estableció, tres años después, clínicas o dispensarios marinos en los cuales se curaban diversas enfermedades, ya sea con baños o por ingestión o inyección de agua de mar. Sin embargo, a pesar de los resultados conseguidos, la práctica cayó en desuso, sobre todo tras el descubrimiento de la penicilina, que solucionaba rápidamente muchas infecciones, como la tuberculosis, que hasta ese momento habían hecho estragos en todo el mundo.

»En la actualidad se ha vuelto a retomar la talasoterapia (baños con agua de mar) y es habitualmente empleada en los spas y centros de belleza debido a que se ha comprobado que no solo son buenos para combatir el estrés, ya que ayudan a relajar los músculos y la mente, sino que además proporcionan nutrientes beneficiosos a todo el organismo. En ese tiempo se salvaron miles de vidas. Fueron tantos niños desnutridos los que se salvaron que se les comenzó a llamar bebés Quinton...»

Así hablaba la doctora María Teresa Ilari en un taller de capacitación a mujeres realizado en Colmbia. Ella conoció el poder curativo del agua de mar por un periodista colombiano que logró que una niña que había perdido el cabello por desnutrición lo recuperara. El periodista Laureano Domínguez había visto que en Francia envasaban el agua de mar y la llamaban «plasma marino».

Estudió, gracias a una beca, la experiencia de Francia y a su regreso a Colombia juntó a un equipo de médicos para hacer los mismos experimentos. Hace dos años recomendaron a la gente que vive en las montañas de Colombia beber agua de mar, los niños desnutridos comenzaron a recuperarse.

Ellos fundaron dispensarios marinos por toda Colombia. El tema del agua marina está difundido en distintos países como Colombia, Argentina, Uruguay, México y España. El agua de mar limpia el intestino grueso, desintoxica el organismo, mejora las defensas y da energía.

En la actualidad, en Colombia, Argentina y otros países de Latinoamérica y África, se han realizado estudios y se ha comprobado que cuando los niños desnutridos toman tres vasos de agua de mar al día, su salud mejora y desaparece la desnutrición.

En Barcelona, España, hay un proyecto en el que trescientas personas en rehabilitación por uso de drogas y alcohol comenzaron a tomar agua de mar. Los resultados son muy buenos, incluso algunos, que han vuelto a tomar licor, se controlan, ya no la rompen. El agua de mar reduce las adicciones.

En España el gran defensor de los beneficios del agua de mar es, sin duda, Ángel Gracía, que ha difundido sus enseñanzas a través de sus libros y en los congresos «Ciencia y Espíritu», organizados por Miguel Celades en diversas ciudades españolas.

Estas son sus palabras extraídas de una ponencia en dicho Congreso: «El 97,5 % del agua está en el mar y los océanos, el 2 % está en los polos, congelada, y el 0,5 % está en los lagos o circula por los ríos y es la que utilizamos. Cuánto tiempo viviremos en paz con este escaso 0,5 %?

»El agua de mar cura la desnutrición y previene otras enfermedades. Estuvo reconocida como medicamento y financiada por la Seguridad Social francesa desde el año 1943 hasta 1982, y durante la Segunda Guerra Mundial se utilizó para paliar la escasez de sangre en transfusiones y operaciones.

El agua de mar sin desalar se está utilizando para reforestar desiertos y producir salicornia, una planta que aporta un 44 % de proteínas y un 75 % de ácidos grasos. De sus semillas se obtienen harinas y aceites para el consumo humano y de sus residuos secos y compactados se obtiene conglomerado de madera para la construcción.

»En el mar tenemos la solución a los grandes retos y problemas del siglo XXI: hambruna, pobreza, desertización, calentamiento global, escasez de agua, etc.

»Las cosas se vuelven hipnóticas por la monotonía y son monótonas por la repetición. Hipnosis es igual a reflejo condicionado, e igual a relajación, e igual a sugestión (Ivan Pavlov, Premio Nobel, 1904). La película "La naranja mecánica" como ejemplo de un lavado de cerebro. Y la desnutrición globalizada como ejemplo del origen del bioterrorismo que impide a los pueblos pensar.

»Estamos sometidos a una hipnosis colectiva mediática, manipulada por los especialistas corruptos de la comunicación masiva. Un pueblo desnutrido no piensa. La polución ambiental, biológica u holística, mantiene muerta de hambre y desnutrida a la mente de los seres vivos que podrían pensar. Es la manera de tener sometidos a los pueblos.

»El bioterrorismo que sufre la población mundial, actualmente, por culpa de los desastres nucleares de Japón, es un ejemplo que demuestra cómo estamos siendo sometidos por un bioterrorismo cuyos cerebros grises están protegidos y dirigidos por la ONU, la OMS, la UNICEF, los ministerios de sanidad de todo el mundo y los gremios de profesionales universitarios globalizados que mansa y corruptamente aceptan los aprendizajes académicos y científicos que se imparten en las universidades. Especialmente en la enseñanza de las Ciencias Biológicas.

»En las universidades se enseña y se aprende la "desnutrición", cuyo objetivo es destruir la salud pública, bajo el patrocinio de las industrias farmacéuticas y médicas que venden vacunas y medicamentos, todos venenosos y tóxicos, porque es mejor negocio cuidar la enfermedad que cuidar la salud. Motivo por el cual se niega y calumnia el uso de los nutrientes que, gratis, nos ofrece la Naturaleza, como el agua de mar y el sol que nosotros ofrecemos en "La hoja de ruta de la salud: Agua de mar y sol". Es imperativo nutrir a la población mundial y exigir un juicio, tipo Nuremberg, contra los bioterroristas académicos y científicos que manejan el planeta.»

Beneficios del agua de mar

Nuestro organismo necesita diversas sales minerales para realizar sus procesos y estas están contenidas en el agua marina. Su administración, ya sea en espray o en forma líquida, media hora antes de cada comida, ayuda a combatir, entre otras, las siguientes dolencias:

- Gripes y resfriados. Aunque estas enfermedades de las vías respiratorias superiores son de origen viral, la administración del agua aumenta las defensas para combatirlos.
- Sinusitis. Esta obstrucción y congestión generalmente es de origen infeccioso. El agua marina limpia y, a la vez, descongestiona.
- Faringitis. Al igual que en la gripe y la sinusitis, el agua de mar ayuda a combatir los gérmenes que la provocan.
- Rinitis alérgica y asma. La generación excesiva de moco se controla bien con el agua marina ya que la sal es un poderoso astringente.

- Otitis. Esta infección, que a menudo está relacionada con la garganta, se puede atenuar con la ingestión del agua marina.

Es importante recordar que el agua marina contiene, además de nitrato de sodio (sal común), otras sales que están formadas por elementos que ayudan a combatir enfermedades:

- Plata. Actúa contra las bacterias nocivas.
- Cobre. Es antiinflamatorio.
- Manganeso. Ayuda a combatir las reacciones alérgicas.

Cómo conseguir agua de mar

Aunque el agua de mar se vende embotellada, también es posible adquirirla en su fuente de origen; es decir, en una playa. La diferencia entre una y otra es que la primera ha sido previamente tratada a fin de eliminar de ella cualquier contaminante, en tanto que la otra no. Eso no quiere decir que la que se recoja directamente del mar no pueda ser bebida, pero para utilizarla es necesario tomar ciertas precauciones.

Se recomienda extraer el agua solo de playas que tengan la bandera verde. En muchas localidades, las autoridades municipales analizan a diario el agua de sus costas a fin de constatar que estas no representan un peligro para la salud de los bañistas. Si contuvieran gérmenes, por ejemplo, bastaría tragar unas cuantas bocanadas para enfermar. Además, el agua puede entrar por la nariz, por los oídos y, desde luego, mojar toda la superficie del cuerpo. Eso no quiere decir que esté libres de bacterias, pero sí que aunque pueda ocasionar una ligera diarrea o algún otro síntoma leve, no atenta gravemente contra la vida de quien la ingiere.

Si en la playa no hay bandera verde, lo que puede hacerse es sacar un cubo de agua y de él tomar una muestra y enviarla a una farmacia o a un laboratorio para que comprueben que no contiene bacterias.

En ambos casos, naturalmente, habrá que cerciorarse de que ninguna fábrica está haciendo vertidos en la zona, ya que, si así fuera, podría contener productos químicos no recomendables.

Hay ya en España diversas empresas que envasan y comercializan agua de mar para el consumo, y ya se puede conseguir en algunos herbolarios, ecotiendas e incluso en algunos grandes almacenes.

El plasma y el duplase de Quinton

En la actualidad se comercializan en el entorno médico dos productos que se emplean como auxiliares en la curación de diferentes enfermedades: el plasma de Quinton y el duplase de Quinton. Ambas son agua de mar extraída de la zona señalada por René Quinton; es decir, a diez metros de profundidad y a diez metros sobre el fondo marin, ya que, según este investigador, es la zona donde es más pura o de mejor calidad.

El plasma de Quinton es una solución isotónica que concentra nueve gramos de sales por litro. En el duplase, también llamado «solución hipertónica», la solución es de veintiún gramos de sales por litro.

Previamente a su envasado, este agua de mar es esterilizada en frío para evitar que contenga gérmenes nocivos y que, tras el proceso, no pierda sus propiedades curativas. Posteriormente es filtrada para retirar de ella todo tipo de impurezas, y finalmente es mezclada con agua destilada. La razón de esta última operación es que el agua de mar contiene treinta gramos de sales por litro, de manera que se rebaja hasta conseguir nueve y veintiuno, según se destine a plasma o a duplase.

Ambas formas tienen dos contraindicaciones: no deben ser jamás inyectadas (aunque René Quinton lo hiciera así con perros enfermos) y no deben ser administradas a personas que tengan prohibida la sal.

Entre los múltiples usos que se les da, se emplea como ayuda para corregir artritis, gingivitis, trastornos de próstata, problemas gastroduodenales (diarrea, estreñimiento, infecciones estomacales o intestinales), trastornos de riñón, desórdenes alimentarios y múltiples enfermedades que afectan a la piel (psoriasis, quemaduras, picaduras, etc.). También han demostrado ser sumamente efectivos en la limpieza de las vías respiratorias altas.

Otra de las ventajas de estos productos es que pueden emplearse junto con otros medicamentos.

El agua tratada de Masaru Emoto

Resultan sumamente interesantes, aunque para muchos difíciles de asimilar, las conclusiones que Masaru Emoto obtuvo tras sus investigaciones y que ha dado a conocer en su libro *El mensaje del agua*. El trabajo de este médico naturalista japonés consistió en exponer recipientes de agua en estado líquido a diferentes entornos (dibujos, palabras, sonidos, etc.), congelarla a continuación y, por último, observar mediante microfotografía los cristales de hielo que se habían formado en cada uno de ellos.

Al congelarse, el agua cristaliza formando estructuras (cristales) que adoptan muy diversas formas; algunas complejas y de extraordinaria belleza; otras, simples y poco atractivas.

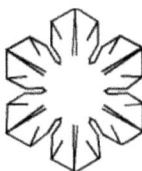

Cristal de agua

El dibujo muestra uno de los cristales que se pueden observar; algunos parecen estrellas sólidas, otros, formados por hojas de helecho o con bordes sumamente elaborados.

Este investigador afirma que tanto el pensamiento como las palabras, la música, o las etiquetas de los envases influyen sobre el agua (cosa que ha comprobado al observar los cristales que se forman) y mejoran su calidad.

El agua tratada (sea con palabras, música, etc.), al congelarse, forma cristales mucho más armoniosos y estéticos que el agua sin tratar. Para el señor Emoto, si en el recipiente que la contiene se escribe la palabra «paz», se obtendrán cristales bellos, en tanto que si se escribe la palabra «guerra» los cristales que se formen al congelar serán feos.

La ciencia oficial, que conoce el proceso por el cual crecen los cristales, sabe que cualquier variación en el medio puede influir en la forma que adopten los cristales, pero descarta rotundamente que el pensamiento humano pueda modificar el líquido. La razón es que no hay, en el terreno científico, ninguna teoría probada que pudiera sostener tal afirmación. Además, al congelarse un recipiente de agua, se forma una cantidad enorme de cristales diferentes y es el ojo humano y su subjetividad quien, al barrer la muestra con el microscopio, escogerá cuáles fotografiar y cuáles no. Habrá grupos de formaciones hermosas, pero también habrá otros, en el mismo trozo de hielo, cuya forma no tenga ningún atractivo.

Lo cierto es que hay muchas cosas que la ciencia oficial aún desconoce. En ocasiones quizás su excesiva cautela le impulse a rechazar de plano las teorías que no nazcan en su seno, pero cabría esperar que, al menos, pusieran también sus esfuerzos en investigarlas y encontrar elementos que puedan validarlas.

Estamos constituidos en un 70 % por agua. Si la teoría del doctor Emoto es acertada, el mero hecho de incorporar en el organismo agua tratada de esta manera mejoraría sin duda todos nuestros procesos vitales.

Imágenes del agua en un Ultra Microscopio

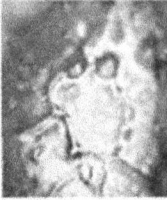

Agua contaminada de un dique embotellada

La misma agua bajo la influencia de una oración de un monje budista

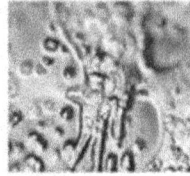

La estructura cristalina producida por la frase en la botella «Me enfermas, te voy a matar»

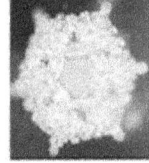

La estructura cristalina de «Amor y gratitud»

Aguas minero-medicinales

Las aguas minero-medicinales provienen de manantiales y contienen componentes minerales beneficiosos para el organismo.

En muchas de las fuentes donde se encuentran se han construido balnearios para que puedan servirse de ellas tanto personas con buena salud como aquellas que necesiten combatir una amplia gama de enfermedades.

Este tipo de agua puede calificarse de diferentes maneras:

1. **Según su localización:**
   - Superficiales (mares y lagos).
   - Subterráneas (grupo que incluye las aguas termales).
2. **Según su origen geológico:**
   - Magmáticas. Su origen es eruptivo y tienen composición y temperatura constante.
   - Telúricas: Provienen de la filtración de las lluvias; por esta razón están sujetas a estas en lo que se refiere a su caudal.
3. **Según su temperatura:**
   - Aguas frías. Están a menos de 20° C.
   - Aguas templadas o hipotermales: tienen una temperatura que oscila entre los 21° C y los 35° C.
   - Aguas calientes o mesotermales: con una temperatura que va de los 36° C a los 45° C.
   - Aguas muy calientes o hipertermales: su temperatura supera los 45° C.

4. **Según su acidez (pH):**
   - Ácidas: pH inferior a 7.
   - Neutras: pH 7
   - Alcalinas: pH superior a 7.
5. **Según las sales minerales que contengan**

   Como se verá a continuación, según su composición mineral, cada tipo de agua es particularmente beneficiosa para cierto tipo de dolencias, de manera que antes de acudir a un balneario es bueno conocer la composición de sus aguas para escoger el más adecuado a las afecciones que se quieran tratar.

Aguas bicarbonatadas

Son aguas alcalinas, frías y de baja mineralización. Actúan sobre el metabolismo y tienen propiedades diuréticas.

Según cómo se administren pueden ayudar a paliar diferentes problemas:

- Ingeridas en grandes cantidades, durante las comidas, facilitan la digestión ya que inducen las secreciones del páncreas.
- Como son alcalinas, al ser ingeridas en ayunas combaten la acidez.

No todas las aguas bicarbonatadas son iguales; las hay de diversos tipos, según los elementos que tengan asociados:

- Bicarbonatadas cálcicas: ayudan a digerir los alimentos. Son buenas para aliviar dispepsias.
- Bicarbonatadas cloruradas: excelentes para el reumatismo.
- Bicarbonatadas mixtas: tienen el mismo efecto que las cálcicas.
- Bicarbonatadas sódicas: se emplean para tratar cálculos renales, úlceras duodenales, dolencias hepáticas, dispepsias y diversas dolencias gástricas.
- Bicarbonatadas sulfatadas: combaten las intoxicaciones hepáticas y el estreñimiento.

Aguas carbogaseosas

Reciben este nombre las aguas cuya concentración de carbónico libre es superior a 250 mg por litro. Se emplean de varias maneras:

- Ingeridas, estimulan la secreción de jugos gástricos y el peristaltismo intestinal.
- En baños gaseosos estimulan la respiración, dilatan los capilares sanguíneos, son beneficiosas para el corazón y relajan el sistema nervioso vegetativo.
- Aplicadas en baños templados, a una temperatura que oscila entre los 33° C y los 35° C, son buenas para el reumatismo y para los trastornos del aparato circulatorio. A menudo se emplean para mejorar el estado del paciente en las enfermedades cardiacas crónicas.

Aguas cloruradas

Este tipo de agua está relacionado con las fallas volcánicas y con los filones metálicos. Suelen contener, además de cloro, calcio, sodio o magnesio.

Para ser incluida dentro de este tipo, el agua debe tener una mineralización total superior al gramo por litro. Según su grado de mineralización, se clasifica en tres categorías:

- De mineralización fuerte (superior a 50 g por litro): frías y no gaseosas.
- De mineralización mediana: tienen características similares a las anteriores, pero con una menor concentración de minerales por litro
- De mineralización débil: suelen ser hipertermales y con elevada radiactividad.

También se administran de diferentes maneras y sus efectos están relacionados con su grado de mineralización.

- Ingeridas, estimulan la secreción de jugos gástricos y el peristaltismo intestinal.
- En baños, al ser hipertermales, relajan los músculos, aumentan la circulación sanguínea y actúan como analgésico. Si, además, contienen sodio, a ello se suma su efecto antiinflamatorio.
- En duchas o en chorros, así como en piscinas, aumentan las defensas de las mucosas y de la piel.

Los beneficios de las aguas cloruradas son múltiples. Son muy empleadas en reumatología, dermatología, para tratar dolencias respiratorias y como vigorizantes de todo el organismo.

Aguas ferruginosas

Es un tipo de agua en el cual predomina el hierro. Para ser consideradas de este modo, su concentración debe ser superior al 1 mg por litro. Es frecuente que contengan también sulfatos y bicarbonatos.

Al contener hierro, son muy empleadas para trastornos sanguíneos como la anemia, los problemas de desarrollo infantil o los trastornos biliares y hepáticos.

Aguas sulfatadas

En este tipo de agua predominan los aniones sulfato. Según del lugar donde esté situado el manantial, su mineralización y temperatura pueden ser diferentes. Los efectos que obran sobre el organismo dependen, en gran medida, de sus otros componentes, estableciéndose así los siguientes tipos:

- Sulfatadas sódicas y magnésicas. Tienen efecto purgante o laxante y se emplean ante las intoxicaciones, ya sean por alimentos o por medicamentos. También son beneficiosas para la piel, ya que ayudan en las dermopatías y pruritos.

- Sulfatadas cloruradas. Se emplean en diferentes trastornos del aparato digestivo: estreñimiento, gastritis, enterocolitis, afecciones de vesícula biliar e hígado, etcétera.
- Sulfatadas cálcicas y sulfatadas bicarbonatadas cálcicas. Tienen una clara acción diurética que, además, facilita la eliminación del ácido úrico. Se emplean en las gastritis y dispepsias, en las dolencias de las vías biliares y en diversas afecciones gastrointestinales y hepáticas.

Aguas sulfuradas

Son las que contienen más de 1 mg por litro de azufre bivalente; comúnmente en forma de ácido sulfhídrico y de ácidos polisulfhídricos. La presencia de estos ácidos les otorga un característico olor semejante al de los huevos podridos.

La presencia de azufre es consecuencia de materia orgánica, ya sean algas o bacterias.

La ingestión de este tipo de agua puede ser de gran ayuda en diversas enfermedades de las vías respiratorias: bronquitis, rinitis crónica, laringitis, etc.; también en trastornos de la piel: psoriasis, eccemas, queratosis, etc. También ayuda a la recuperación del organismo durante el posoperatorio.

Sin embargo, está contraindicada para los enfermos de hipertensión.

Aguas radiactivas

En ellas está presente el radón, un gas que tiene características sedantes y analgésicas, de ahí que se recomienden para trastornos psicológicos como el estrés y la depresión. Se emplean también para diversas afecciones del aparato respiratorio y del digestivo.

Terapia de agua: Usha Paana Chikitsa

Aunque nos parezca increíble, es posible mejorar tu salud sin gastar en medicinas o pagarle al doctor. No podrás creerlo antes de hacer la increíble terapia a base de agua. Según la medicina ayurvédica, solo bebiendo seis vasos de agua pura, las siguientes enfermedades pueden ser aliviadas:

Dolores de cabeza	Piedras en los riñones	Parálisis general	Enfermedades urogenitales	Artritis
Presión alta	Reumatismo	Anemia	Cáncer uterino	Cáncer de mama
Tos	Laringitis	Obesidad	Sinusitis	Taquicardia
Tuberculosis	Leucemia	Gastroenteritis	Asma	Bronquitis
Disentería	Acidez excesiva	Constipación	Meningitis	Diabetes

Aunque se habían perdido en el uso popular, las curas con agua fueron ampliamente conocidas y practicadas por los pueblos antiguos. En la India, según la tradición de la medicina ayurvédica, esta terapia se conoce con el nombre de «**Usha Paana Chikitsa**», que en idioma sánscrito traduce: *Usha*, 'amanecer o temprano en la mañana'; *Paana*, 'beber', y en este caso 'beber agua', y *Chikitsa*, 'tratamiento'.

Actualmente, como otras tradiciones médicas, este tipo de cura se está recuperando, por ejemplo en Japón, donde se ha vuelto muy popular. También son recetadas y practicadas con éxito por curanderos populares y sanadores mexicanos y sudamericanos. Nada se pierde con probar, pues no tiene efectos secundarios, y mejor si adoptamos este procedimiento como una rutina en nuestra vida.

Procedimiento

1. Al levantarse en la mañana y antes de lavarse los dientes o tomar nada, bebe un litro y medio de agua (unos seis vasos).
2. Lávate la cara y límpiate la boca, pero no comas ni bebas nada por una hora.
3. Después de una hora puedes comer y beber normalmente.
4. Después del desayuno, el almuerzo y la cena no debes comer o beber nada durante dos horas.
5. Aquellas personas que no puedan beber un litro y medio de agua, al principio pueden comenzar por tomar un vaso de agua y gradualmente aumentar la cantidad hasta el litro y medio diario. Es difícil al principio beber un litro y medio de agua en unos minutos, pero te acostumbrarás a ello gradualmente.
6. Este tratamiento curará a personas enfermas, y los que no estén enfermos podrán prevenir enfermedades y disfrutar de una vida más sana.

Este método de tratamiento no tiene efectos secundarios; sin embargo, al comienzo tendrás que orinar muy seguido, incluso puedes tener una orina de un color amarillo brillante, lo cual te indicará el inicio del proceso de desintoxicación. Puedes sentir la necesidad de orinar dos o tres veces en una hora, pero en poco tiempo regresarás a la normalidad.

Si no estás seguro de disponer de agua potable, puedes hervir y filtrar el agua para ser usada con seguridad. También se debe observar estrictamente no tomar ninguna bebida alcohólica la noche anterior.

¿Cómo funciona esta terapia?

El consumo de agua en forma normal purifica el cuerpo humano. La terapia del agua hace que el colon funcione de una forma mucho más eficaz para formar la sangre nueva y fresca, conocida en los términos médicos como «hematopaises». Si el colon está limpio los nutrientes de las comidas que tomamos varias veces por día son absorbidos por la acción de los pliegues de la mucosa y se convierten en sangre fresca. La sangre es muy importante en el mantenimiento y la cura para mantenernos con buena salud, y es por eso que el agua debe ser consumida regularmente en forma y cantidad.

La siguiente lista nos da el número de días que el tratamiento requiere para curar/controlar/reducir las principales enfermedades:

1. Presión Alta - 30 días.
2. Gastritis - 10 días.
3. Diabetes - 30 días.
4. Constipación - 10 días.
5. Cáncer - 180 días.
6. TB - 90 días.

Resultados

Para personas mayores y con enfermedades serias, así como con enfermedades modernas, el tratamiento del agua ha sido de mucho éxito, según la sociedad médica japonesa con una cura de hasta 100 % para las siguientes enfermedades: Dolor de cabeza, dolor de cuerpo, anemia, sistema del corazón, reumatismo y artritis, taquicardia e hipertensión, epilepsia, exceso de peso, bronquitis, asma, TB, meningitis, enfermedades urinarias y del riñón, vómitos, gastritis, diarrea, diabetes, hemorroides, todas las enfermedades del ojo, constipación, útero, cáncer, leucemia, asma, desórdenes menstruales, enfermedades del oído, nariz y garganta.

Para acompañar las comidas

Es agradable beber un vaso de agua fría o una bebida fría después de las comidas; sin embargo, el agua fría o la bebida fría solidifica el alimento grasoso que acabas de ingerir. Esto hace que se retarde la digestión: Una vez que este «lodo» reacciona con el ácido digestivo, se descompone y es absorbido más rápido que la comida sólida por el intestino. Esto rayará o dañará el intestino. Muy pronto esto se volverá grasa y nos llevara al cáncer.

Es mejor tomar una sopa caliente o agua tibia después de cada comida.

Esto tiene sentido: los chinos y los japoneses beben té caliente con sus comidas y no agua fría, quizás ya es tiempo de adoptar sus hábitos de beber té o agua tibia mientras comemos.[3]

El agua informada, método del doctor Moncayo

Los últimos descubrimientos de la memoria del agua, sumados a los de la fotónica cuántica, son el soporte de un nuevo método científico innovador basado en el

---

3 Resumen de Ricardo Díaz para visionchamanica.com

Efecto Moncayo. En estos últimos años estamos asistiendo a la aceptación social de la aplicación práctica de la memoria del agua. Era el comienzo de un fantástico viaje. Por otra parte también se estaban consiguiendo algunos buenos resultados con terapias basadas en aplicación de frecuencias en el espectro de la luz y del sonido. El doctor Mario Moncayo ha dado un paso sustancial, descubriendo un método por el que ha identificado cuál es la huella espectral específica —frecuencias en longitudes de onda-luz exactas— que corresponden a la información precisa para mejorar sustancialmente los efectos de distintas sintomatologías, especialmente las relacionadas con el dolor, pero que abarca un amplio marco de aplicaciones más.

La revolución pacífica del doctor Moncayo

Es un caso insólito dentro del panorama científico de la medicina actual. Tras treinta años de investigación inspirándose en los patrones biológicos con relación al índice de absorción de luz de la mujer embarazada, ha creado un nuevo método sobre bases absolutamente científicas.

Él mismo lo explica en esta primera entrevista a un medio escrito europeo, concedida a Pedro Burruezo. No es un lenguaje fácil de comprender, ni siquiera para personas cultas y leídas, pero vale la pena el esfuerzo, porque el doctor Moncayo trae una revolución pacífica tras de sí.

En primer lugar sorprende, una vez más, cómo la creatividad de una sola persona es capaz de sintonizar con una nueva forma de observar una idea evidente con consecuencias excepcionales. Coloquialmente se puede decir que nuestros cuerpos son luz condensada. La materia es interactiva con estímulos energéticos.

Existen muchos mapas en los que tratar de comprender la naturaleza de la realidad. Es evidente que el avance científico puede proponernos otro mapa de comprensión de la enfermedad. ¿Hasta dónde podemos llegar en la observación de las causas de una disfunción? ¿Una enfermedad tiene su reflejo en una alteración en el comportamiento de los electrones? ¿Se puede pensar en restablecer anomalías electrónicas? Algunos de los investigadores que han comprendido y han visto los resultados de su método, afirman que podría ser un futuro Nobel Alternativo. En cualquier caso, el doctor Moncayo afirma (y demuestra) que el dolor crónico es susceptible de ser aliviado instantáneamente con un método sin efectos secundarios, basado en utilizar frecuencias específicas de longitudes de onda, en el espectro de la luz natural, y utilizar la memoria del agua como vehículo. Parece una anticipación de *Star Trek* y, sin embargo, es una nueva realidad que, poco a poco, en la medida que nuevos médicos se vayan formando, irá estando al alcance de cualquier persona.

La historia de este investigador y científico es muy singular. Hace muchos años, estando su mujer embarazada, le informaron de que el bebé que venía en camino presentaba problemas de asimilación, que no estaba bien y que sería conveniente abortar. El doctor, hijo de granjeros casi autosuficientes, que había vivido su infancia aislado en las montañas de Chihuahua y que de niño había observado la profundidad del universo estrellado, no entendía la jerga científica en la que se apoyaban las razones del diagnóstico. Para tomar una decisión como aquella debía comprender qué estaba pasando. En aquella época trabajaba como herrero. Su necesidad de comprender le hizo tomar la decisión de matricularse en horario nocturno en la Facultad de Medicina de la Universidad Central de México D.F. Años más tarde fue profesor de Bioquímica. El niño nació con algunos problemas que fueron superados por el ahínco de la investigación. Un par de años más tarde, el padre del doctor no pudo soportar los dolores de un herpes genital y decidió irse de este mundo y evitar un calvario insufrible para él y para los suyos. Este hecho motivó más aún a Moncayo a investigar en un método que fuera capaz de superar el sufrimiento de los dolores crónicos. Experimentando con las frecuencias del líquido amniótico de una mujer embarazada, se abrió la puerta. Fue una vez más un fenómeno de serendipia. Tratando de encontrar otras respuestas, encontró el camino para interactuar en las alteraciones atómicas producidas por cambios en la absorción de luz del colágeno. Los que han visitado su consulta vuelven con una impresión extraña, como de otros tiempos.

Reproducimos a continuación la entrevista de Pedro Burruezo, realizada durante la Feria de Biocultura (Valencia, 2011).

UN MÉTODO NUEVO

—¿Puede explicar su método científico en pocas líneas?

—La interacción de los contaminantes físicos, químicos o biológicos en el cuerpo humano modifican la absorción de la luz, induciendo en este cambios que alteran la distribución electrónica de los átomos de hidrógeno en lípidos, glúcidos o hidratos de carbono, lo cual induce cambios en el espectro visible de la luz, provocando una absorción de luz con longitudes de onda ultravioleta lejanos y cercanos a rayos X. De lo anterior, las enfermedades crónico-degenerativas se originan cuando la glucosa-mina 4, 6 fosfato del colágeno contenida en el ojo y en la piel, cambia su índice de refracción (IR) que es inversamente proporcional a la velocidad de la luz e inversamente proporcional a la longitud de onda, por lo tanto, esta luz al pasar por los medios refractarios del ojo, antes de llegar a la retina, ocasiona cambios en la refracción y la velocidad de la luz visible, provocando alteraciones fisiológicas y enfermedades. Es decir, la velocidad de la luz es de 300,000 km/s y el IR en el aire y en el vacío es igual a 1, suponiendo que la cornea y la piel tuvieran IR – 1 no habrían cambios ni en la velocidad de la luz ni en sus longitudes de onda; sin embargo, si la cornea o la piel cambiaran su IR = 1.5 ocurrirían cambios en la absorción de luz.

—¿Puede darnos un ejemplo?

—Ejemplo: si la córnea cambia su índice de refracción a 1.5 y la luz incidente es de 600 nanómetros, esta cambia a 400 nanómetros, por lo tanto la velocidad de la luz se reduciría a 200 000 km/s, así mismo modifica el *spin* del electrón en los átomos de hidrógeno de escotopsinas y rodopsinas en la retina, ocasionando la pérdida de la resonancia magnética nuclear e intermolecular del cuerpo con respecto al campo eléctrico, magnético y gravitacional terrestre. Debido a lo anterior, asumimos que los cambios inducidos en los medios refractarios del cuerpo humano (piel y cornea)... provocan alteraciones en el electrón de los átomos de hidrógeno en proteínas, hormonas, carbohidratos, leucotrienos, sustancias inflamatorias, etc., favoreciendo así la aparición de diversas y variadas enfermedades, por ejemplo: artropatías inflamatorias y no inflamatorias, como es el caso de la artritis reumatoide y la osteoartrosis, entre otras patologías.

—Resúmanos su terapia...

—La investigación realizada está basada fundamentalmente en inhibir o, en otras palabras, reajustar las anomalías en el IR originadas por contaminantes físicos, químicos o biológicos, de tal forma que, siguiendo los principios físicos, los cambios en la absorción de la luz serían revertidos por inducción de una imagen inversa, postulando que crestas y valles se anulan entre sí, dando como resultado de esta interacción el reacomodamiento de electrones a nivel intermolecular. Por lo tanto, tendríamos una inhibición de la respuesta inflamatoria o mecanismo fisiopatológico de las enfermedades crónico degenerativas.

DIFERENTES PATOLOGÍAS

—¿Su método sirve para diferentes patologías?

—El futuro inmediato va a ser muy interesante, en la medida en que vayamos experimentando con todas las patologías existentes, sean crónicas o agudas. Hasta ahora hemos confirmado en nuestro laboratorio de Ecatepec las virtudes del tratamiento con dieciséis patologías distintas, siempre con muy buenos resultados, lo que nos permite serias esperanzas.

—¿Por qué funciona con tanta rapidez?

—Porque lo que hace es inhibir la luz que mantiene al electrón del átomo de hidrógeno en un nivel que no le corresponde. Esta luz, al ser inhibida, obliga al electrón a emitir lo absorbido y regresar al punto inicial, dando como origen una armonía molecular.

—Si es tan maravilloso, ¿por qué no está disponible para más personas?

—Porque la investigación la realicé de manera personal. Presenté los resultados a las instituciones de gobierno y educativas en mi país (México) y no les interesó. En marzo presentaremos el método en Biocultura Valencia, a partir de ese momento estará disponible en España desde el Instituto de Investigación Moncayo, a través de una red de centros médicos autorizados. Barcelona, Bilbao, San Sebastián, Madrid y Valencia son las primeras ciudades que cuentan con médicos en formación.

—¿Qué va a hacer usted para que esté fácilmente disponible en breve para mucha gente?

—Tratar de dar a conocer mi método a más personas enfermas, generando ejemplos de alta replicabilidad a través de asociaciones de pacientes. Como todo nuevo procedimiento, es necesario que primero sea conocido y aceptado. Para ello estamos poniendo en marcha un calendario de cursos de información-demostración-formación. En estos momentos ya hemos empezado la fabricación en España y tenemos la intención de exportar a los países de la UE en un plazo de dos años. Tenemos la intención de atender a los países con menos recursos, ya que este nuevo método podría ser una herramienta muy eficaz en sus sistemas de salud.

—¿Qué dicen de su método sus colegas alopáticos?

—Cuando explicamos el método, previamente lo que hacemos es demostrar su funcionamiento instantáneo. Ello nos otorga la credencial de la evidencia. Una posición desde la que poder atender a sus preguntas sin tener que competir a ver quién tiene razón. La evidencia obtenida por un método empírico es, hoy por hoy, el mejor puente de comunicación científica. A continuación lo que sucede es que nos dan la enhorabuena. Nos animan a seguir. La labor es ardua, ya que la mayor parte de mis colegas médicos alópatas no han sido formados en materia de fotónica cuántica. Hasta hoy son pocos los que han tenido la oportunidad de familiarizarse con otro nuevo mapa de observar nuestra salud, asumiendo que la naturaleza de los procesos biológicos puede también ser observada e interactuar en el ámbito atómico y subatómico. Algunos ya conocen los últimos descubrimientos del Nobel Luc Montaigner, y esto les da un buen punto de partida para comprender lo que proponemos y el porqué de la instantaneidad de los resultados.

—Pero no todos, claro…

—Ya se sabe que, en este mundo de apariencia dual, hay a quienes les cuesta, y los hay que lo entienden, saben que la implantación de una innovación suele ser un largo camino, y lo impulsan por sus resultados e inexistencia de efectos secundarios perjudiciales. A nosotros no nos interesa la competencia. Nos interesan los resultados en los pacientes. Si hubiese una industria ética y con los medios necesarios, nos interesaría compartir, ampliar la base de los estudios clínicos, experimentar con nuevas patologías y crecer juntos y así beneficiar a cuanto mayor número de personas posible fuera. En los médicos hay un componente vocacional muy fuerte, sobre todo en sus primeros años de experiencia clínica. Este es un vector muy importante para que podamos aportar nuevos conocimientos basados en el rigor científico y en los nuevos horizontes de la ciencia. A estas alturas es obvio que, además de tejidos y células, somos la energía que opera en ellas.

FUERA DE MÉXICO

—¿Conocen su método fuera de México?

—Durante los treinta años que ha durado nuestra investigación hasta este momento, no hemos hecho ningún esfuerzo por ser conocidos. Aún no era el momento. Teníamos que tener resultados bien contrastados y un método científico sólido, capaz de dar respuestas y evidencias a quienes quisiesen conocerlas. Hoy estamos dispuestos y damos la bienvenida, desde una actitud rigurosa en lo científico, y abierta y amable en lo humano, a quienes quieran compartir con nosotros el camino. Me pregunta si es conocida en otros países. Ha resultado inevitable, ya que los buenos resultados obtenidos con pacientes les ha hecho comentarlos con familiares que viven en otros países del área, sobre todo Centro y Sudamérica. También hemos tenido casos aislados en EE. UU. y hemos empezado con algunos pacientes en Suecia, gracias a la labor de nuestro socio el doctor Leyva. En España hemos encontrado un sólido núcleo de médicos muy avanzados. Con ellos estamos desarrollando un modelo que nos oriente en la internacionalización progresiva del método. Consideramos imprescindible la formación como paso previo a aumentar la base de médicos en ejercicio. Tenemos buenos planes con los estudiantes de Medicina. Ambos programas ya están iniciándose. En este sentido hemos recibido una propuesta del Máster de Medicina Natural de la Universidad de Santiago de Compostela.

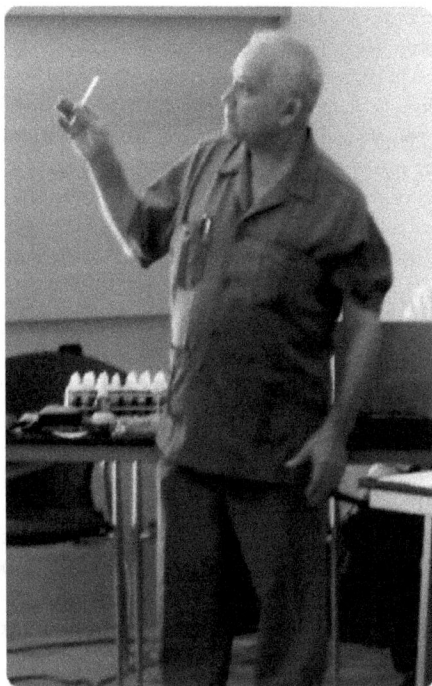

—¿Cuál es la patología por la que acude a usted más gente?

—Yo era herrero a los treinta y dos años, cuando me avisaron de la enfermedad de mi hijo, por nacer, Moisés. Sin dejar de trabajar empecé mis estudios de Medicina en la facultad en horario nocturno. Dos años después mi padre acabó con su vida por resultarle insoportables los dolores de un herpes genital. Ello marcó mi vida. Sentí cómo nació en mí una fuerte vocación por tratar de aliviar los dolores de las personas, en especial los de aquellas que sufrían dolores crónicos. Así que todos mis estudios e investigaciones se enfocaron en tratar de erradicar los dolores de largo recorrido. Al especializarme y empezar a tener algún resultado positivo, se corrió la voz y atendí a miles de pacientes de pocos recursos con todo tipo de dolores. Las patologías en las que más he podido investigar y obtener resultados son la artritis reumatoide, la fibromialgia y la diabetes mellitus. No obstante, este método lo he empleado y lo estoy empleando en atender cualquier otra patología. Es importante señalar que, aquí, en Ecatepec, en el Centro de Investigaciones para el Tratamiento del Dolor, hemos encontrado soluciones para casi cualquier tipo de patología que por su grado de evolución aún pueda estar en un estado de reversibilidad posible, corrigiendo un porcentaje importante del malestar desde su primera aplicación. Para los tratamientos coadyuvantes que estamos poniendo en marcha en España, es conveniente que el paciente sepa que lo más importante es ponerse en contacto con un médico formado por el Instituto de Investigación Moncayo.

UN MUNDO ENFERMO

—¿Por qué el mundo está tan enfermo?

—Por la codicia de unos pocos y el silencio de muchos más. Por un modelo político al que no le importa el bienestar de las personas. Por una falta de perspectiva personal de la situación en la que vivimos y obligamos a otros a vivir. Todo ello se manifiesta en contaminantes ambientales y modificaciones de los alimentos, en los cuales para «mejorar su rentabilidad» utilizan la hibridación, los injertos, los incestos entre animales y, en los últimos años, los transgénicos. Si aceptamos el hecho de que somos lo que comemos y que no solo nos nutrimos de alimentos, sino de aire, agua, tierra y fuego, cabe preguntarnos en qué lugar quedó el quinto elemento. La conciencia que los unía y nutría nuestra existencia también espiritual. No a los alimentos transgénicos. No a los pensamientos transgénicos.

La hidroterapia

El hombre, desde sus inicios como especie, empleó el agua para librar a su cuerpo de impurezas; sin embargo, es mucho más tarde cuando comienza a utilizarla con fines terapéuticos.

En la antigua Grecia se prescribían inmersiones en agua fría destinadas a fortalecer los músculos y el sistema nervioso; también se empleaba para combatir las fiebres, muy frecuentes en una época en que no se conocían los antibióticos.

Los romanos descubrieron las bondades medicinales de los baños y, en especial, del agua termal, y para aprovecharlos contaron con la mejor red sanitaria del momento.

Con la Edad Media se abandonaron paulatinamente las prácticas de hidroterapia, pero a mediados del siglo xvi y principios del xvii vuelven a retomarse. En Inglaterra, por ejemplo, surge una nueva terapia que consiste en envolver al paciente en paños húmedos y calientes, rociándolo después con agua fría con el fin de que esta actúe como revulsivo. También empezó a emplearse el hielo, y en muchos países el agua era un remedio que, junto con otros, se aplicaba a todo tipo de enfermedades.

En un periodo en el cual las patologías que afectaban a la piel eran muy comunes (sarna, tiña, eccemas, etc.) y durante el cual no había ningún remedio realmente eficaz para tratar las múltiples infecciones producidas por bacterias, el agua ayudó en gran medida a paliarlas ya que, al menos, mantenía en un mejor estado higiénico el cuerpo de los pacientes.

En el año 1771, Moscú fue azotada por una epidemia de peste, y durante la misma el médico personal de la emperatriz Catalina II empleó aplicaciones de agua helada en los afectados.

Resulta curioso lo que aconteció en un barco que partió de Jamaica hacia Inglaterra. En él viajaba un médico, James Currie, que se vio aquejado por unas fuertes fiebres y que comprobó que al estar en cubierta, recibiendo la fría brisa del aire de mar, se sentía más aliviado que cuando permanecía en cama, arropado.

Recordando las recomendaciones de Hipócrates, se desnudó en el puente e hizo que le arrojaran un cubo de agua fría. Pasado el primer y desagradable impacto, se sintió mucho mejor y decidió seguir con esa terapia durante varios días. Tras su recuperación, empleó el mismo método con otros viajeros que habían sucumbido a las fiebres.

En la actualidad, casi todas las madres recurren al agua para bajar la temperatura de sus niños porque, si bien la fiebre es un mecanismo de defensa que combate las bacterias y los agentes patógenos, es importante tener en cuenta que el cerebro, con un alto componente en grasas, es muy vulnerable a las altas temperaturas. El agua evita, en muchos casos, que el sistema neurológico se deteriore.

En 1793 James Currie publicó su obra sentando lo que fue conocido como las *bases hidroterápicas de Currie*. En ellas se definen los tres efectos de las curas con agua fría:

- Sustracción del calor.
- Sedación del sistema nervioso.
- Aumento de la vitalidad.

Desde entonces hasta nuestros días son muchos los médicos de diferentes países que aportaron sus descubrimientos a la hidroterapia, que trabajaron en balnearios perfeccionando cada vez más las técnicas que actualmente se emplean.

Características del agua

Para realizar las curas, la hidroterapia tiene en cuenta las características químicas, mecánicas y térmicas del agua.

Cuando el cuerpo es sumergido, se ve sometido a tres tipos de factores mecánicos:

- **Factor hidrostático.** Diferentes presiones combinadas hacen que el cuerpo sumergido flote, por lo tanto, cuando el paciente entra en el agua, su cuerpo pesa menos, lo cual permite, en muchas ocasiones, una libertad de movimientos con esfuerzo mínimo que, quizás, no pudiera realizar en tierra firme. La flotación disminuye la carga que sufren las articulaciones y permite realizar movimientos pasivos, inducidos por el terapeuta, que amplían el movimiento en aquellas personas que tienen la movilidad limitada.

  La presión que ejerce el agua sobre todos los puntos del cuerpo de una persona sumergida actúa sobre la respiración y sobre el sistema circulatorio.

- **Factor hidrodinámico.** El agua ejerce una resistencia al movimiento que es novecientas veces mayor que la que ejerce el aire; de ahí que el andar, cuando estamos sumergidos, sea un ejercicio mucho más intenso y muy beneficioso a la hora de fortalecer los músculos debilitados.

- **Factor hidrocinético.** Se tiene en cuenta al aplicar sobre el cuerpo chorros de agua. Esta, que sale a una determinada presión, hace el efecto de un masaje que puede tener mayor o menor intensidad y trabajar el organismo de diferentes maneras según el ángulo de incidencia del chorro. Resulta especialmente útil en aquellas patologías relacionadas con la dificultad del retorno venoso, ya que lo estimula. También se emplea como relajante y en la reeducación respiratoria.

La reacción del organismo ante el agua

En los tratamientos de hidroterapia se consiguen tres tipos de reacciones en el organismo:

- Reacción nerviosa.
- Reacción circulatoria.
- Reacción térmica.

Con respecto a la primera, cabe decir que varía con la temperatura; el agua fría resulta tónica, y el agua moderadamente caliente es sedante, relajante. Si su temperatura es muy elevada, por el contrario, es excitante, aunque no tonifica.

La reacción circulatoria también está asociada, entre otras cosas, a la temperatura.

Cuando el cuerpo entra en contacto con el agua fría, los vasos sanguíneos periféricos sufren una contracción: la piel palidece, aparece la *carne de gallina*, el corazón late más lentamente y la presión arterial aumenta. Pasados unos segundos, se produce una contra-reacción: la piel enrojece, disminuye la presión arterial y el corazón cobra un ritmo más acelerado. Con el agua muy caliente también se producen estos dos fenómenos.

Si el agua está templada, las modificaciones son apenas visibles, y con la aplicación del agua moderadamente caliente se produce una vasodilatación periférica y se eliminan toxinas a través del sudor.

Años de investigación y experimentación han permitido conocer otras reacciones locales; por ejemplo, que el agua fría en la planta de los pies disminuye la circulación cerebral, que aplicada sobre la espalda disminuye la irrigación de la glándula pituitaria o que si se aplica detrás de una oreja los latidos del corazón aumentan momentáneamente.

Gracias a la hidroterapia, el agua, una vez más, nos ayuda a tener una vida más sana y más plena.

El agua como terapia curativa para el cuerpo y la mente

De la misma manera en que tus pensamientos influyen en ti y dentro de ti, así como ellos reconstituyen y armonizan tu sistema nervioso, la caja de resonancia de tu cuerpo, o lo contraen y provocan disonancias, algo semejante puede producir el agua en ti: o te armoniza o produce desarmonías dentro y fuera de ti.

Así como los pensamientos fluyen hacia tu interior o salen de ti, así también puede actuar un chorro de agua cuando es conducido por tu sistema nervioso. El agua es el elemento estimulante. Tiene el efecto de que alcances una vibración superior, que armonices tu sistema nervioso y seas estimulado así a pensar positivamente. Pero tú también tienes que poner algo de tu parte: tienes que dejar aquello que te preocupa, o bien, según sea la carga, purificarlo y ordenarlo.

Un chorro de agua templada, no muy caliente, que esté adaptada al calor de tu cuerpo, puede eliminar exteriormente muchas cosas y estabilizar y abastecer en sentido positivo tu campo magnético, tu aura. Por lo tanto, si el chorro de agua es aplicado y utilizado correctamente, el agua magnetiza y dinamiza el cuerpo. Relaja el sistema nervioso, que es portador de la fuerza vital.

Según sea la contracción y excitación de tu cuerpo, deja correr por algunos minutos o más un chorro de agua templada por tu espalda. Aplica el chorro caliente a la nuca. Al hacerlo, relájate y libera tu consciencia de todas las sensaciones y pensamientos bajos, de todo lo que te trajo el día y te ha inquietado. Allí donde había pensamientos de preocupación pon pensamientos altamente vibrantes de paz, de alegría, de unidad.

Si no puedes ponerte en armonía, escucha música armoniosa y agradable, mientras el agua, partiendo desde la nuca, fluye sobre tu sistema nervioso. Gracias a este método son estimulados tanto el aparato circulatorio como también la fuerza espiritual en el cuerpo, en los nervios y en las células. Comprende que la circulación sanguínea está bien y puede funcionar como le corresponde solo cuando el sistema nervioso está relajado y las fuerzas del espíritu pueden fluir incrementadamente.

Duchas de agua helada ni relajan, ni armonizan, sino que crispan el organismo y provocan también contracciones y alteraciones en los nervios y tejidos, lo que tarde o temprano puede producir dolencias nerviosas. Así como el agua demasiado fría conduce a contracciones, también el agua muy caliente puede afectar al sistema nervioso y debilitar el sistema vascular.

Si el agua es utilizada como terapia, entonces no solo es beneficiosa para el organismo, sino también para eliminar contracciones del alma, de modo que la fuerza espiritual puede fluir mejor y producir alivio y sanación. Pero todo tiene que ser hecho en la medida que corresponde.

Después de un tratamiento a base de agua, interiorízate y entra en el silencio, dejando actuar plenamente las energías que tienen efecto en ti. Si te es posible, tiéndete en tu lecho, cubre tu cuerpo con paños ligeros y tibios y permanece así, relajado, en la consciencia de la fuerza interna, en la consciencia de que la fuerza curativa interna actúa en ti.

Epílogo

La Asamblea General de Naciones Unidas aprobó, el 28 de julio de 2010, en su sexagésimo cuarto período de sesiones, una resolución que reconoce al agua potable y al saneamiento básico como derecho humano esencial para el pleno disfrute de la vida y de todos los derechos humanos.

La resolución fue adoptada a iniciativa de Bolivia, tras quince años de debates, con el voto favorable de ciento veintidós países y cuarenta y cuatro abstenciones. La Asamblea de Naciones Unidas se mostró «profundamente preocupada porque aproximadamente 884 millones de personas carecen de acceso al agua potable y más de 2600 millones de personas no tienen acceso al saneamiento básico, y alarmada porque **cada año fallecen aproximadamente un millón y medio de niños menores de cinco años y se pierden 443 millones de días lectivos a consecuencia de enfermedades relacionadas con el agua y el saneamiento**». La adopción de esta resolución estuvo precedida de una activa campaña liderada por el presidente del Estado Plurinacional de Bolivia, Evo Morales.

Ceremonia hinduista de purificación con agua en el estado de Tamil Nadu, India.

La importancia del agua para la vida y para el ser humano es incuestionable, es un bien absolutamente imprescindible; de hecho, para el desarrollo de la vida y para el hombre ha sido un elemento central en todas las épocas y en todas las culturas.

El agua es considerada como un elemento purificador en la mayoría de religiones. Algunas de las doctrinas religiosas que incorporan el ritual de lavado o abluciones son: el cristianismo, el hinduismo, el movimiento rastafari, el islamismo, el sintoísmo, el taoísmo y el judaísmo. Uno de los sacramentos centrales del cristianismo es el bautismo, el cual se realiza mediante la inmersión, aspersión o afusión de una persona en el agua. Dicha práctica también se ejecuta en otras religiones como el judaísmo, donde es denominada «mikve», y en el sijismo, donde toma el nombre de «amrit sanskar». Asimismo, en muchas religiones, incluyendo el judaísmo y el islamismo, se realizan baños rituales de purificación a los muertos en el agua. Según el islam, las cinco oraciones al día (o salat) deben llevarse a cabo después de haber lavado ciertas partes del cuerpo usando agua limpia o abdesto; sin embargo, en caso de que no hubiese agua limpia se realizan abluciones con polvo o arena, las cuales son denominadas «tayammum». En el sintoísmo el agua es empleada en casi todos los rituales para purificar una persona o un lugar, como es el caso del ritual misogi. El agua es mencionada 442 veces en la Nueva Versión Internacional de la *Biblia* y 363 veces en la *Biblia* del rey Jacobo. Pedro 2:3-5 establece: «Estos ignoran voluntariamente que en el tiempo antiguo fueron hechos por la palabra de Dios los cielos y también la tierra, que proviene del agua y por el agua subsiste».

Algunos cultos emplean agua especialmente preparada para propósitos religiosos, como el agua bendita de algunas denominaciones cristianas o el amrita en el sijismo y el hinduismo. Muchas religiones también consideran que algunas fuentes o cuerpos de agua son sagrados, o por lo menos favorecedores; y algunos ejemplos incluyen: la ciudad de Lourdes, de acuerdo con el catolicismo, el río Jordán (al menos simbólicamente) en algunas iglesias cristianas, el pozo de Zamzam en el islam, y el río Ganges en el hinduismo y otros cultos de la región. Muchos etnólogos, como Frazer, han subrayado el papel purificador del agua.

Usualmente se cree que el agua tiene poderes espirituales. En la mitología celta, Sulis es la diosa de las aguas termales; en el hinduismo, el Ganges es personificado por una diosa, y según los texto Vedas la diosa hindú Sárasuati representa al río del mismo nombre. El agua es también en el vishnuísmo uno de los cinco elementos básicos o mahābhūta, entre los que constan: el fuego, la tierra, el espacio y el aire. Alternativamente, los dioses pueden ser considerados patrones de fuentes, ríos o lagos. De hecho, en la mitología griega y romana, Peneo era el dios río, uno de los tres mil ríos o a veces incluido entre las tres mil Oceánidas. En el islam el agua no es solo la fuente de vida, pero cada vida está compuesta de agua: «¿Y qué sacamos del agua a todo ser viviente?».

En cuanto a la filosofía, podemos encontrar a Tales de Mileto, uno de los siete sabios griegos, que afirmó que el agua era la sustancia última, el Arjé, del cosmos, de donde todo está conformado por el agua. Empédocles, un filósofo de la antigua Grecia, sostenía la hipótesis de que el agua es uno de los cuatro elementos clásicos junto el fuego, la tierra y el aire, y era considerada la sustancia básica del Universo o ylem. Según la teoría de los cuatro humores, el agua está relacionada con la flema. En la filosofía tradicional china el agua es uno de los cinco elementos junto a la tierra, el fuego, la madera y el metal.

El agua también desempeña un papel importante en la literatura como símbolo de purificación. Algunos ejemplos incluyen a un río como el eje central donde se desarrollan las principales acciones, como es el caso de la novela *Mientras agonizo*, de William Faulkner y el ahogamiento de Ofelia en *Hamlet*.

Defendamos pues el agua como patrimonio cultural y biológico del hombre, para que quede fuera del ansia especuladora de las corporaciones y multinacionales, y velemos por la calidad del agua, protegiéndonos al mismo tiempo de los multiples ataques de una enloquecida civilización hiperindustrial y desenfrenada que se apropia y contamina un bien que es de todos.

Apéndice: citas y proverbios

Citas

«Cuando los niños carecen de agua potable y servicios sanitarios, se pone en peligro casi todo aspecto de su salud y desarrollo.» Carol Bellamy y Nitin Desai, representantes de las Naciones Unidas, en una declaración conjunta.

«Cuando trates con el agua, consulta primero la práctica, y luego la teoría.» Leonardo da Vinci.

«Dicen que a veces Dios se enfurece y hace terremotos, y manda tormentas, caudales de fuego, vientos desatados, aguas alevosas, castigos y desastres. Pero esto es mentira. Es la tierra que cambia —y se agita y crece— cuando Dios se aleja.» Jaime Sabines.

«El hacer bien a villanos es echar agua en la mar. La ingratitud es hija de la soberbia.» Miguel de Cervantes.

«En el senado dije una vez que se puede vivir sin petróleo, y hasta sin amor, pero no sin agua [...] Agoten los acuíferos del suroeste del país y dentro de cincuenta años no existirá Phoenix [ciudad en el Estado de Arizona]. Lo siento, amigo, no hay más agua. Esa es una verdadera e irreversible crisis.» Daniel Patrick Moyn

«Lo que sabemos es una gota de agua; lo que ignoramos es el océano». Isaac Newton.

«No pretendas apagar con fuego un incendio, ni remediar con agua una inundación.» Confucio.

«*Be water my friend*». (Traducción: «Sé agua, amigo.») Bruce Lee.

«Si te quedas sin agua, te quedas sin vida.» Dicho Uzbeko.

«Supongo que había que inventar las camas de agua. Ofrecen la posibilidad de beber algo a media noche sin peligro de pisar al gato.» Groucho Marx.

«...Tiene que beber arena el que no bebe agua nunca.» De *Florentino y el Diablo*, de Alberto Arvelo Torrealba.

«Una de las grandes contradicciones [de] la naturaleza humana [es] que únicamente valoramos las cosas una vez que se vuelven escasas. [...] Apreciamos el valor del agua cuando el pozo se ha secado. Y los pozos no solo están secándose en las regiones tradicionales con tendencia a las sequías, sino también en zonas que no asociamos tradicionalmente con escasez de agua.» Elizabeth Dowdeswell, secretaria general adjunta de las Naciones Unidas.

«Uno de los problemas más alarmantes que encara el mundo de hoy es conseguir suficiente agua potable para todos los habitantes del planeta. [...] Con demasiada frecuencia, donde hace falta agua, lo que hay son armas.» Ban Ki-Moon.

«La sobreexplotación de los acuíferos constituye una razón por la que nuestros colegas geólogos están convencidos de que la escasez de agua traerá el fin del crecimiento explosivo de la población humana. Hay sustitutos para el petróleo, no hay sustitutos para el agua dulce.» Paul R. Ehrlich (29 de mayo de 1932), biólogo estadounidense.

«Hay mucha agua sin vida en el universo, pero en ninguna parte hay vida sin agua.» Sylvia A. Earle (nacida el 30 de agosto 1935), oceanógrafa estadounidense.

«La sed que se sacia con agua volverá a atormentarte, solo siendo agua se dejara de tener sed.» Julio Cortázar.

«Para la supervivencia, el bienestar y el desarrollo socioeconómico de toda la humanidad es un requisito fundamental tener garantizado el acceso a un suministro suficiente de agua potable. Sin embargo, continuamos actuando como si el agua dulce fuera un recurso abundante e inagotable, cuando no lo es.» Kofi Anan.

Proverbios

Proverbio corso

«*Aqua di luddu: Un faci bè à nudda.*» (El agua de julio no hace bien a nada.)

Proverbios chinos

«El dragón inmóvil en las aguas profundas se convierte en presa de los cangrejos.»

«El trabajo del pensamiento se parece a la perforación de un pozo: el agua es turbia al principio, mas luego se clarifica.»

Proverbios españoles

Muchos refranes atienden a la importancia del agua:

«Agua, agua, que se quema la fragua.»

«Agua a la entrada de la Luna, mucha o ninguna.»

«Agua al higo, que ha llovido.»

«Agua al mediodía, agua para todo el día.»

«Agua, barro y basura crían buena verdura.»

«Agua blanda en piedra dura, tanto da que hace cavadura.»

«Agua buena, sin olor, color, ni sabor, y que la vea el sol.»

«Agua caliente, salud para el vientre.»

«Agua, candela y la palabra de Dios, ningún hombre de bien las negó.»

«Agua cara siempre es mala.»

«Agua cocida, sabe mal pero alarga la vida.»

«Agua cocida, saludable y desabrida.»

«Agua coge con harnero, quien se cree de ligero.»

«Agua corriente, agua inocente.»

«Agua corriente no daña el diente.»

«Agua corriente no mata a la gente.»

«Agua corriente no mata a la gente; agua detenida, mala bebida.»

«Agua corriente no mata a la gente; agua sin correr, puede suceder.»

«Agua corriente no mata gente; agua *estancá*, la matará.»

«Agua corriente sana a la gente.»

«Agua de agosto, azafrán, miel y mosto.»

«Agua de avenida no puede ser bebida.»

«Agua de bobos, que no llueve, y nos calamos todos.»

«Agua de Duero, caldo de pollos.»

«Agua de enero, cada gota vale un dinero.»

«Agua de enero, hasta la hoz tiene tempero.»

«Agua de enero, todo el año tiene tempero.»

«Agua de febrero, mata al onzonero.»

«Agua de fuente, sana y transparente; agua de laguna, enfermiza y turbia.»

«Agua del cielo no quita riego.»

«Agua del Duero, caldo de pollo.»

«Agua de llena, noche de angulas.»

«Agua de lluvia, siempre delgada y nunca sucia.»

«Agua del pozo y mujer desnuda, echan al hombre a la sepultura.»

«Agua de mañana, o mucha o nada.»

«Agua de mañana y concejo de tarde, no es durable.»

«Agua de manantial, no hay otra igual.»

«Agua de marzo, pero que la mancha en el sayo.»

«Agua de mayo, crece el pelo un palmo.»

«Agua de mayo, no cala el sayo.»

«Agua de navazo, ensancha la barriga y estrecha el espinazo.»

«Agua de por mayo, pan para todo el año.»

«Agua por San Juan, quita vino y no da pan.»

«Agua de primavera, si no es torrencial, llena la panera.»

«Agua de sierra y sombra de piedra.»

«Agua detenida es mala para bebida.»

«Agua detenida, no debe ser bebida.»

«Agua de turbión, en una parte pan y en otra non.»

«Agua, Dios, el vino en bota y las mujeres en pelota.»

«Aguadito para que rinda y saladito para que alcance.»

«Aguadores y taberneros, del agua hacen dineros.»

«Agua en agosto, azafrán, miel y mosto.»

«Agua en agosto quita aceite, pan y mosto.»

«Agua en ayunas, o mucha o ninguna.»

«Agua en cesto se acaba presto.»

«Agua en cesto, y amor de niño y viento de culo, todo es uno.»

«Agua encharcada, hervida después de colada.»

«Agua en marzo, hierbazo.»

«Agua es calentada, más presto es resfriada.»

«Agua esperé y tarde sembré, sabe Dios lo que recogeré.»

«Agua estancada, agua envenenada.»

«Agua estancada no mueve molino.»

«Agua estantía, renacuajos de día.»

«Agua fina saca la espina.»

«Agua fresca la da el jarro, no de plata sino de barro.»

«Agua fría y borona caliente, hacen buen diente.»

«Agua fría y pan caliente, mata a la gente.»

«Agua fría y pan caliente, nunca hicieron buen vientre.»

«Agua hervida es media vida.»

«Agua le pido a Dios, y a los políticos, nada.»

«Agua limpia de fuente viva.»

«Agua mansa, traidora y falsa.»

«Agua, ni quiebra hueso ni descalabra.»

«Agua no emborracha, ni enferma ni entrampa.»

«Agua no enferma, ni embeoda ni endeuda.»

«Agua no enferma, ni embriaga ni endeuda.»

«Agua no quebranta hueso.»

«Agua pasada no mueve molino.»

«Agua, poca, y jamón, hasta la boca.»

«Agua podrida, colada y hervida.»

«Agua por mayo, pan para todo el año.»

«Agua por Virgen de agosto, quita aceite y agua el mosto.»

«Agua que a algo huele o a algo sabe, otro la trague.»

«Agua que corre, nunca mal coge.»

«Agua que haya de beber, no la enturbiaré.»

«Agua que huela, no la bebas.»

«Agua que no has de beber, déjala correr.»

«Agua que pasa por muchos atanores, no es de las mejores.»

«Agua que va río abajo, arriba no ha de volver.»

«Agua que va río abajo, arriba no ha de volver a recogerse.»

«Aguarraditas de abril, unas ir y otras venir.»

«Aguas calmadas estropean los puentes.»

«Aguas de abril, vengan mil.»

«Agua sobre agua, ni cura ni lava.»

«Agua, sol y basura y menos libros de agricultura.»

«Aguas tempranas, buena otoñada.»

«Agua tardera, agua maicera.»

«Agua tibia, media vida.»

«Agua trae en el cuerpo luna con cerco.»

«Agua turbia no hace espejo.»

«Agua vertida, mujer parida.»

«Agua vertida, no toda cogida.»

«Agua, viento y cuchilladas, desde la cama.»

«Agua y aceite no se mezclan.»

«Agua y bailar, a hartar. Indica que el agua y la diversión nunca deben faltar.»

«Agua y luna, tiempo de aceituna.»

«Agua y nieve excesiva, no dejan criatura viva.»

«Agua y pan, comida de can; pan y agua, carne y vino, comida de peregrino.»

«Agua y sol, tiempo de caracol.»

«Agua y sol, tiempo de requesón.»

«Agua y viento al mediodía, agua todo el día.»

«Al enfermo que es de vida, el agua le es medicina.»

«Algo tendrá el agua cuando la bendicen.»

«Baños, hasta los cuarenta años.»

«Bebe el agua de tu fuente clara, y no busques la encenagada.»

«Bebe agua de río por turbia que vaya, vive en la ciudad por mal que te vaya.»

«Beber en cada fuente, desvanece el vientre.»

«Beber sudando agua fría, catarro o pulmonía.»

«Bendita sea el agua, por sana y por barata.»

«Bodas y aguas, como son guiadas.»

«Borrachez de agua, nunca se acaba.»

«Borregos al anochecer, charcos al amanecer.»

«Botija nueva hace el agua fresca.»

«Buena es el agua, que cuesta poco y no embriaga.»

«Cada uno quiere llevar el agua a su molino y dejar en seco el del vecino.»

«Dales agua por el pie, antes que padezcan sed.»

«De baños y de cenas están las sepulturas llenas.»

«De cuarenta años para arriba, no te mojes la barriga.»

«De cuarenta para arriba, ni te cases, ni te embarques, ni te mojes la barriga.»

«De la corriente mansa me libre Dios, que de las aguas bravas me libro yo.»

«Del agua derramada, ni la mitad aprovechada.»

«Del agua fría el gato escaldado huye.»

«Del agua mansa líbreme Dios que de la brava me libro yo.»

Variante: «Del agua mansa me libre Dios, que de la brava me guardaré yo.»

Variante: «Del agua mansa me libre Dios, que de la turbia me libro yo.»

«Del agua mansa no fíes nada.»

«Del agua mansa se asombra el perro.»

«Del agua mansa te guarda; que la brava hace su ruido y pasa.»

«Del agua vertida, la que pueda ser recogida.»

«Del agua vertida, nunca toda recogida.»

«Día de agua, taberna o fragua.»

«Donde hay juncos, agua hay junto.»

«El agua clara y corriente no contamina a la gente.»

«El agua corriente no mata a la gente, el agua sin correr mata a la mujer.»

«El agua cuesta arriba dura poco, y menos el amor de niño y loco.»

«El agua de agosto quita vino y no da mosto.»

«El agua de San Juan quita aceite, vino y pan.»

«El agua de San Juan quita vino y no da pan.»

«El agua en invierno duerme sola.»

«El agua es blanda, la piedra dura; pero gota a gota hace cavadura.»

«Variante: El agua es blanda y la piedra es dura; pero gota a gota, hace cavadura.»

«El agua fresca se bebe en jarro.»

«El agua ni envejece ni empobrece.»

«El agua no horada a la piedra por su fuerza sino por su constancia.»

«El agua que corre nunca se corrompe.»

«El buey lerdo bebe el agua turbia.»

«El que bebe alante, bebe agua limpia.»

«El que tiene sed, busca el agua.»

«El río pasado, el santo olvidado.»

«El río, por donde suena se vadea.»

«El Sil lleva el agua y el Miño la fama.»

«El viajero que sed siente, se agacha y besa la fuente.»

«En abril, aguas mil.»

Variante: «En abril aguas mil, al entrar pero no al salir.»

Variante: «En abril aguas mil, coladas por un mandil; en mayo, tres o cuatro, y esas con buen barro.»

Variante: «En abril aguas mil y todas caben en un barril.»

Variante: «En abril, lluvias mil, y todas caen en un barril.»

«En agosto prepara el agua y el costo.»

«En aguas donde hay piraña, muy pendejo quien se baña.»

«En enero, se hiela el agua en el puchero.»

«Enero mojado, bueno para el tiempo y malo para el ganado.»

«En poca agua, poco se navega.»

«Está más claro que el agua.»

«Gato escaldado, del agua fría huye.»

«Gato que se lava, anuncia agua.»

«Jarra nueva hace el agua fresca.»

«Jarro de cristal o de metal o de plata, no refresca el agua; el mejor jarro, es el de barro.»

«Junta de pájaros, agua segura.»

«La casa quemada, acudir con el agua.»

«Más vale agua del cielo que todo el riego.»

«Norte claro, sur oscuro, aguacero seguro.»

«Norte claro, sur oscuro; temporal seguro.»

«No ruegues a mujer en cama, ni a caballo en el agua.»

«Nunca digas "de este agua no beberé" por muy turbia que esté.»

«Nunca digas "de este agua no beberé" ni "este cura no es mi padre".»

«Pan de centeno y agua de navazo ensancha las tripas y estrecha el espinazo.»

«Pan de panadero y agua de regato, hincha la barriga y estira el espinazo.»

«Para el solano, agua en mano.»

«Para nadar hay que tirarse al agua.»

«Pezuña sobre agua, no deja huella.»

«Piedra sin agua, no afila en la fragua.»

«¿Qué es la agricultura? Agua y basura.»

«Que nadie diga "de este agua no beberé" por turbia que esté.»

«Quien agua ha tragado, ya no muere ahogado.»

«Sale marzo y entra abril, nubecitas a llorar y campitos a reír.»

«Septiembre, o seca las fuentes o se lleva los puentes.»

Variante: «Septiembre o seca los ríos o se lleva los puentes.»

«Ya que el agua no va al molino, vaya el molino al agua.»

«Yo soy Duero, que todas las aguas bebo; si no es a Guadiana, que se va por tierra llana, y a Ebro, que no lo veo, y a Guadalquivir que nunca le vi.»

Expresiones en Español

Ahogarse en un vaso de agua. Apurarse y afligirse con ligera causa.

¡Al agua, patos! Indica el ansia con que alguno bebe por efecto de la sed que le aqueja.

Algo tendrá el agua cuando la bendicen. Refrán con que se da a entender que el encomiar a persona o cosa a quien nadie culpa o cuando viene no viene al caso es señal de haber en ella alguna malicia.

Agua pasada no mueve molino. Refrán que se aplica a las cosas que perdieron su oportunidad, valor o eficacia o con que se censura al traerlas a cuento.

Bailarle a uno el agua. Cumplir sus deseos u órdenes con agrado verdadero o aparente y con suma eficacia para ganarse su voluntad.

Bañarse uno en agua rosada. Tener gran complacencia en un suceso próspero o adverso que afecta a otra persona o a la que se alegra.

¡Hombre al agua! Expresión que da a entender que alguien a caído al agua.

Llevarse el agua a su molino. Refrán que indica que generalmente solo se atiende al propio interés sin pensar en el daño ajeno.

Coger agua en cesto. Trabajar en vano.

Como agua de mayo. Expresión con que se pondera lo bien recibida o lo muy deseada que es alguna cosa.

Del agua mansa me libre Dios, que de la recia o brava, me libraré yo. Refrán que expresa que las personas de un exterior apacible y manso suelen ser las más impetuosas e iracundas cuando llegan a incomodarse o que los hipócritas suelen ser los más perversos.

Estar entre dos aguas. Con duda o perplejidad en la resolución de una cosa, sin saber qué hacer.

Estar como pez en el agua. Estar uno en su elemento, en sus glorias, con toda comodidad.

Hacer aguas. Recibir aguas un buque por sus bajos.

Más claro que el agua. Expresión que da a entender que algo es patente.

Nadar entre dos aguas. Contemporizar entre dos opiniones o partidos distintos.

Parecerse como dos gotas de agua. Ser dos personas o cosas extraordinariamente semejantes.

Prueba del agua amarga. Ceremonia que practicaban los antiguos judíos y consistía en dar a beber a la mujer cuyo marido dudaba de su infidelidad cierta porción de agua mezclada con polvo del tabernáculo y jugo de algunas hierbas amargas. Si era inocente, concebía un hijo en el año, que paría sin dolor alguno, y si era adúltera, perdía el color, le giraban los ojos en las órbitas y moría en el acto así como su cómplice. A este agua la llamaban también *agua de celos*.

Prueba del agua fría. En tiempo de la segunda raza de los reyes de Francia, arrojaban a los brujos, a los herejes y a los acusados cuyo crimen no era evidente en un estanque o cuba de agua bendita atada la mano derecha con el pie izquierdo, y una vez sumergidos, si no se ahogaban, eran declarados inocentes.

Prueba del agua hirviendo. Se empleaba en los juicios de Dios para descubrir la verdad. El acusado metía la mano en una vasija llena de agua hirviendo para sacar un anillo bendito que estaba sumergido en el fondo. Se le envolvía luego la mano con una tela que se sellaba. Al cabo de tres días, se le descubría, y si no aparecía señal de quemadura, era absuelto.

Romper aguas. Evacuar las mujeres preñadas el líquido que circuye al feto, señal de próximo parto.

Bibliografía

A continuación se detalla la bibliografía consultada, así como un listado de páginas web.

Libros

General

AGUILERA KLINK, F. (1996): *La economía del agua*. (2ª edición), Ministerio de Agricultura, Pesca y Alimentación, Madrid.

BARLOW, MAUDE y CLARKE, TONY. *Oro azul*. Ediciones Paidós, Barcelona.

CAM. AGUA Y EDUCACIÓN AMBIENTAL: *Nuevas propuestas para la acción*. Caja de Ahorros del Mediterráneo. 2004.

CLARKE, TONY. *Embotellados*. Editorial Itaca.

COPITZY GÓMEZ FUENTES, ANAHÍ. *Agua y desigualdad social. El caso de las indígenas mazahuas en México*. Editorial Los libros de la catarata.

DELCLÒS, JAUME. *Agua, un derecho y no una mercancía. Propuestas de la sociedad civil para un modelo público de agua*. Icaria. Madrid

GRAY, NICK F. *Calidad del agua potable: Problemas y soluciones*. Amv ediciones.

JHON, MU SHIK. *El puzzle del agua y la clave hexagonal*.Editorial EcoHabitar, 2009.

LAZSLO, PIERRE. *¿Se puede beber el agua del grifo?* Akal. Madrid.

MADRID VICENT, ANTONIO. *Manual del agua. Ciencia tecnología y legislación*. Amv ediciones.

MARTÍNEZ GIL, FCO. JAVIER. *La nueva cultura del agua en España*. Bilbao: Bakeaz, 1997.

MINISTERIO DE MEDIO AMBIENTE (2000): *Libro blanco del agua en España*. Madrid.

PETRELLA, RICARDO. *El manifiesto del agua*. Barcelona, 2002.

Rodier, Jean. *Análisis del agua.* Amv ediciones.

Schauberger, Viktor. *Agua viva.* Editorial EcoHabitar, 2009.

Solomon, Steven. *Water, The Epic Struggle for Wealth, Power, and Civilization.* Ed. Harper.

VV.AA. *El libro del agua.* Editorial Debate. Barcelona, 2008.

Agua y salud

Ams, Marc. *Water Connection. El agua tu mejor medicina.* Bioams. Barcelona.

Arrieta, Manuel. *El código secreto del agua.* Ed. Indigo, Barcelona.

Dull, Harold. *Watsu: Freeing the Body in Water.* Watsu Publ.

Emoto, Masaru. *El poder curativo del agua.* Ediciones Obelisco. Barcelona.

Emoto, Masaru. *El mensaje del agua.* Liebre de Marzo. Barcelona.

Exe, Wolfgang y Rohrer, Karin. *¡El agua cura!* Ediciones Obelisco. Barcelona.

Guillain, France. *Los baños derivativos.* Editorial Sirio. Málaga.

Holst, Ulrich. *El poder sanador del agua.* Ediciones i.

Huey, Lynda y Foster, Robert. *Manual completo de ejercicios hidrodinámicos.* Editorial Paidotribo. Barcelona, 2003.

Jordi Pinyol, Carles L. *Movernos en el agua.* Editorial Paidotribo. Barcelona.

Kneipp, Sebastián. *Mi testamento terapéutico.* Eitorial Magalia. Madrid.

Ramacharaka, Yogui. *La curación por el agua.* Eitorial Magalia. Madrid.

Sintes Pros, Jorge. *La curación por el agua.* Sintes. Barcelona.

Suárez, Mayte. *Agua, H2O la fórmula de la salud.* Océano-Ámbar. Barcelona.

Vinyes, Frederic. *Hidroterapia.* RBA Integral. Barcelona.

Agua de mar

Arnal, Mariano. *Cómo beber agua de mar.* Aquamaris.

Gracia, Ángel. *La dieta del delfín,* Oeral Ediciones. Barcelona.

Gracia, Ángel. *El poder curativo del agua de mar: nutrición orgánica.* Ed. Morales i Torres. Barcelona.

Gracia, Ángel y Bustos Serrano, Héctor. *Cómo beneficiarse del agua de mar.* Ed. Morales i Torres. Barcelona.

Secondé, Jean-Claude. *Quinton, la cura de agua de mar.* Ediciones Obelisco. Barcelona.

Martín García, Francisco. *Beber agua de mar* (Salud y vida natural). Ediciones Obelisco. Barcelona.

Mahé, André. *El plasma de Quinton: El agua de mar, nuestro medio interno.* Icaria. Madrid.

Agua y ecología

ARAUJO, JOAQUÍN. *Naturaleza y ecología en España*. Ediciones Temas de Hoy. Madrid.

BARREDA, ANDRÉS Y VERA, RAMÓN. *Voces del agua. Respuestas a la crisis capitalista del agua*. Itaca. Madrid

CALDECOTT, JULIAN. *Agua. Ecología de una crisis global*. Libros del Lince.

MARTÍNEZ GIL, FRANCISCO JAVIER. *Agua y medio ambiente*. Diputación General de Aragón. Zaragoza.

RUSSELL, DAVID L. *Tratamiento de aguas residuales*. Amv Ediciones.

SHIVA, VANDANA. *Las guerras del agua. Contaminación, privatización y negocio*. Icaria. Barcelona, 2004.

VERAZA, JORGE. *Economía y política de agua*. Itaca. Madrid

Revistas

«Al agua patos». *Ciclos. Cuadernos de comunicación, interpretación y educación ambiental*. Diciembre 1999, n.º 6.

«Especial agua». *Ecologista*. Diciembre, 2000, n.º 23.

«El agua: un despilfarro interesado». *Archipiélago, Cuadernos de crítica de la cultura*. N.º 57. 2003.

«Consumo de agua: saquemos el agua clara». *Opcions*. Septiembre-noviembre de 2005.

Dossier «El conflicto del agua». *Marc de Referències*. Invierno de 2007.

«Especial agua. La sed y las lágrimas de Gaia». *The Ecologist*. N.º 30. Julio-agosto, septiembre de 2007.

Internet

Webs sobre el agua

ORGANISMOS INTERNACIONALES: AGUA Y DESARROLLO HUMANO

Naciones Unidas Decenio Internacional para la Acción: http://www.un.org/spanish/waterforlifedecade/index.shtml

World Water Council: http://www.worldwatercouncil.org/

UNESCO Portal Agua: http://www.unesco.org/new/en/natural-sciences/environment/water/

Programa Mundial de Evaluación de los Recursos Hídricos: http://www.unesco.org/new/es/natural-sciences/environment/water/wwap/

AHORRO Y EFICIENCIA DEL AGUA. (SOBRE TODO A NIVEL DE CONSUMO DOMÉSTICO)
Fundación Ecología y Desarrollo: http://www.agua-dulce.org/

Sistemas Ahorro de Agua: http://www.ahorroagua.es

Ecoaigua: http://ecoaigua.com/

ONGs del Estado español

WWF/Adena: http://www.wwf.es

Ecologistas en Acción: www.ecologistasenaccion.org/
Ecologistas en Acción es una confederación de más de 300 grupos ecologistas de todo el Estado español. Forma parte del llamado ecologismo social.

Plataforma en Defensa de l'Ebre: http://www.ebre.net/

Greenpeace: http://www.greenpeace.org/

Fundación Nueva Cultura del Agua: http://www.unizar.es/fnca/

Coordinadora de Afectados por Grandes Embalses y Trasvases: http://www.coagret.com/

Plataforma contra la privatización del CYII: http://plataformacontralaprivatizaciondelcyii.org/
Contra la privatización del Canal de Isabel II y por la defensa del agua pública

Organismos de gestión del agua

Agrupació de Aerveis d'Aigua de Catalunya: http://www.asac.es/

Associació d'Abastaments d'Aigües: http://www.assoaigues.org/

Entitat del Medi Ambient de l' Àrea Metropolitana de Barcelona (AMB): http://www.amb.cat/web/emma/inici

Agència Catalana de l'Aigua: http://aca-web.gencat.cat/aca/appmanager/aca/aca/

Sistema Español de Información sobre el Agua: http://hispagua.cedex.es

Índice

KOLECCIÓN
k